술술 읽고 척척 쓰는

초등 마법의 한자책 ②

김태완 선생님이 알려 주는 **문해력 기초 한자 300자**

술술 읽고 척척 쓰는
초등 마법의 한자책 ②

김태완 지음 ● 권달 그림

✿ 청어람미디어

한자 공부, 문해력을 키우는 최고의 방법!

최근 어느 작가의 팬 사인회를 앞두고 예약을 받는 과정에서 문제가 있었나 봅니다. 그래서 주최 측에서 '예약 과정에서 불편을 끼쳐 드린 점, 심심한 사과를 드린다.'라고 공지를 했습니다. 그랬더니 예약을 신청했던 사람의 일부가 '나는 안 심심하다…….', '심심해서 사과한다는 말이냐?'라고 반응했다고 합니다.

여기서 '심심하다'라는 말은 '할 일이 없어 지루하고 따분하다'라는 뜻이 아니라는 사실 정도는 여러분도 알고 있겠지요?

이처럼 맥락을 잘 따라가지 못하거나 자기가 알고 있는 단어의 뜻에만 사로잡혀 내용을 미루어 짐작하지 못하고 엉뚱하게 받아들이는 예가 흔해졌습니다. SNS가 발달하면서 아주 짤막한 글자, 이모티콘 같은 기호로 빠르게 실시간 의사소통을 하다 보니 조금이라도 복잡한 내용의 말을 듣거나 긴 글을 읽으면 이해하기 어려워합니다. 이렇게 문해력과 관련한 문제를 해결하는 데 한자 공부가 많은 도움을 줄 수 있습니다.

우리에게 한자란 어떤 글자일까요? 한자는 중국어를 표기하는 문자일 뿐만 아니라 마치 유럽 여러 나라가 라틴 문자를 썼듯이 고대 동아시아 여러 나라에서 사용하던 국제 문자였습니다. 우리도 한글을 만들기 전에는 한자를 빌려 썼습니다. 그런 점에서 한자는 중국 글자이기는 하지만 우리 고전을 기록한 문자이기도 합니다.

한자는 우리의 역사, 문화 등에 큰 영향을 미쳤는데, 특히 언어생활에 미친 영향이 큽니다. 그래서 한자를 배우면 여러모로 유익합니다. 한자와 한문에서 유래한 우리말 어휘는 주로 글말에서 많이 쓰였고 또 지식인 계층에서 많이 쓰였기에 함축이나 압축, 은유와 같은 추상적 뜻을 가진 말을 표현하는 데 편리합니다.

이에 덧붙여서 말하자면, 한문을 알면 새로운 언어 세계에 들어가게 됩니다. 영어를 배우면 영어가 만들어 놓은 세계에 들어갈 수 있듯 한문을 배우면 한문이 만들어 놓은 세계에 들어갈 수 있습니다. 내가 다른 나라의 언어를 더 배우면 그만큼 나의 의식 세계가 넓어지는 것입니다. 우리가 외국 여행을 하면서 느끼는 기쁨을 또한 외국어 학습을 통해 외국어 세계에 들어감으로써 느낄 수 있습니다.

우리 주위에는 한자 공부와 한자 학습에 관한 책이 많습니다. 그런데 또 한 권의 한자 학습에 관한 책을 내놓습니다. 살짝 미안한 생각도 드네요!

이 책을 꾸미게 된 까닭은 어린 친구들을 한자의 세계에 좀 더 진지하게 초대하고 싶었기 때문입니다. 이 책은 한자를 한문이라는 언어를 이루는 말의 단위로서 익히자 하는 목표를 세우고 썼습니다. 대부분의 한자 학습 책은 부수를 앞에 내세우고 부수가 같은 글자를 모아서 설명하거나 아니면 어휘의 갈래에 따라 글자를 배열하고 있습니다. 한자 학습은 대부분 이 두 가지 방법으로 합니다.

이 책도 기존의 방법을 따르고는 있지만 어떤 경우에는 한자 학습을 용이하게 하기 위해 예외를 두기도 했습니다. 부수나 갈래가 다른 한자이더라도 글자끼리의 연상이나 이미지, 내용의 연결을 고려하여 단원을 구성하기도 했습니다.

또한 글자마다 맨 먼저 갑골문이나 금문에서 해당 글자가 처음 나타났을 때 어떤 모양이었고 어떤 뜻으로 쓰였는가 하는 점을 들었습니다. 그러나 이런 설명이 100퍼센트 옳다고 할 수는 없습니다. 가능한 한 그럴듯하고 많은 사람이 받아들일 수 있으며 시간이 흐르면서 갖게 된 뜻과 연관된 설명을 많이 참조하였습니다.

그러므로 이 책을 읽는 여러분은 제 설명을 무조건 옳은 것으로 받아들이지 말고 다르게 볼 수도 있지 않을까 하는 궁금증을 가지기 바랍니다. 여러분이 이 책으로 한자와 더 쉽게 가까워지고 나아가 한자를 익힌 뒤 한문의 세계로 들어갈 수 있기를 바랍니다.

끝으로 이 책의 원고를 미리 읽어 보고 귀한 조언을 해 준 강정욱, 강서호 군에게 고마운 마음을 전합니다.

무등산 아래 二不齋에서
김태완 씀

차례

머리말 · 4

슬기로운 한자 공부법 · 10

만화 한자를 배우면 공부에
　　　도움이 될까? · 12

숫자 세기 어렵지 않아 · 14
　一 한 일 · 15
　二 두 이 · 16
　三 석 삼 · 17
　四 넉 사 · 18
　五 다섯 오 · 19

숫자에는 세상이 들어 있어 · 21
　六 여섯 륙/육 · 22
　七 일곱 칠 · 23
　八 여덟 팔 · 24
　九 아홉 구 · 25
　十 열 십 · 26

해와 달로 시간을 가늠해 보자 · 28
　朝 아침 조 · 29
　午 낮 오 · 30
　夕 저녁 석 · 31
　夜 밤 야 · 32
　晝 낮 주 · 33

여름은 뜨겁게, 겨울은 차갑게 · 35
　今 이제 금 · 36
　年 해 년 · 37
　春 봄 춘 · 38
　夏 여름 하 · 39
　冬 겨울 동 · 40

봉황이 바람을 만들었다고? · 42
　風 바람 풍 · 43
　光 빛 광 · 44
　音 소리 음 · 45
　陽 볕 양 · 46

나는 어떤 존재일까? · 48
　有 있을 유 · 49
　無 없을 무 · 50
　在 있을 재 · 51
　不 아닐 불/부 · 52
　空 빌 공 · 53

내 자리는 어디? · 55
中 가운데 중 · 56
內 안 내 · 57
外 밖 외 · 58
左 왼 좌 · 59
右 오른 우 · 60

만화 한자는 문과 공부에
어떤 도움이 될까? · 62

동서남북, 어느 쪽으로 가 볼까? · 64
東 동녘 동 · 65
西 서녘 서 · 66
南 남녘 남 · 67
北 북녘 북 · 68

높거나 낮거나, 앞서거나 뒤처지거나 · 70
高 높을 고 · 71
低 낮을 저 · 72
前 앞 전 · 73
後 뒤 후 · 74

푸르고 누렇고 붉은 색깔들 · 76
色 빛 색 · 77
靑 푸를 청 · 78
黃 누를 황 · 79
赤 붉을 적 · 80

'수'와 '숫자'를 구분해 보자 · 82
百 일백 백 · 83
千 일천 천 · 84
萬 일만 만 · 85
數 셀 수 · 86

이것은 작을까, 적을까? · 88
多 많을 다 · 89
少 적을 소 · 90
寸 마디 촌 · 91
半 반 반 · 92
番 갈마들/차례 번 · 93

형태와 면, 직선과 곡선 · 95
形 모양/그려 낼 형 · 96
面 낯 면 · 97
直 곧을 직 · 98
曲 굽을 곡 · 99
平 평평할 평 · 100

수업 끝, 방학 시작! · 102
方 모 방 · 103
放 놓을 방 · 104
旗 깃발 기 · 105

인생은 오래달리기 같은 거야 · 107
近 가까울 근 · 108
遠 멀 원 · 109
先 먼저 선 · 110
向 향할 향 · 111

'소인'의 반대는 '거인'? · 113
小 작을 소 · 114
同 같을 동 · 115
重 무거울 중 · 116
輕 가벼울 경 · 117

활시위를 힘껏 당겨 봐 · 119
弓 활 궁 · 120
強 굳셀 강 · 121
弱 약할 약 · 122
速 빠를 속 · 123
短 짧을 단 · 124

만화 한자는 이과 공부에
어떤 도움이 될까? · 126

집과 돼지가 만나면? · 128
安 편안할 안 · 129
家 집 가 · 130
室 안방 실 · 131
宮 집 궁 · 132
堂 대청 당 · 133

문은 쓸모가 많아 · 135
門 문 문 · 136
問 물을 문 · 137
間 사이 간 · 138
聞 들을 문 · 139

'밭 전(田)'의 활약을 기대해 · 141
田 밭 전 · 142
力 힘 력 · 143
畓 논 답 · 144
野 들 야 · 145

'도'를 아세요? · 147
所 바 소 · 148
井 우물 정 · 149
道 길 도 · 150
路 길 로 · 151

'입 구(口)'와 '에울 위(囗)'는 달라 · 153
區 지경 구 · 154
園 동산 원 · 155
國 나라 국 · 156
圖 그림 도 · 157

경계를 넘어 더 넓은 세상으로 · 159
世 세대/인간 세 · 160
界 지경 계 · 161
韓 나라이름 한 · 162

만화 한자 문화권의 시대가 온다 · 164

찾아보기 · 166

슬기로운 한자 공부법

이제 한자 공부를 시작할 마음의 준비가 되었겠지?
그럼 재미있고 신비로운 한자의 세계에 푹 빠져 보자!

등장 인물

콩선생
한자의 권위자.
국산 콩으로 추출한
커피를 즐기고
밥상에 콩나물, 두부 등
콩 요리가 올라와야
젓가락을 든다.
취미는 텃밭에서
콩 재배하기.

초린
호기심 많고
똑똑한 여자아이.
콩선생님으로부터
한자를 배우고 싶어
부모님을 졸라 옆집으로
이사 올 정도로
한자 공부에
열성적이다.

빈구
초린과 같은 반 남자아이.
초린과 친해지기 위해
한자에 관심 있는 척하지만
아는 건 없다.
그래도 가끔 깜짝 놀랄 만한
재치를 발휘한다.

단원 소개

단원별로 3~5개의 한자를 소개하며,
학습에 30분 정도의 시간이 걸리도록 구성했다.

단원 소개에서는
그 단원에 나오는
한자들 사이의 관계를
그림으로 설명한다.

★ 진도를 나가면서 전에 배웠던 단원 소개를 반복해서 읽어 볼 것을 추천한다.

개별 한자 설명

한자의 의미가 역사나 문화 속에서 어떻게 사용되었는지 사례를 들어 살펴본다.

개별 한자가 처음에 어떤 모양에서 유래했고, 어떤 의미로 사용되었는지 설명한다.

한자 공부는 정확한 어순에 따라 반복적으로 써 보며 눈이 아니라 손으로 익혀야 한다.

모아 읽고 익히기

단원에서 소개한 한자들을 제대로 공부했는지 확인하는 단계이다.

이미 배운 한자는 한자로만 표기해서 단어 확장력을 높여 준다.

괄호 안에 앞에서 배운 한자의 뜻과 소리를 써 보고 답을 확인해 본다.

한자를 배우면 공부에 도움이 될까?

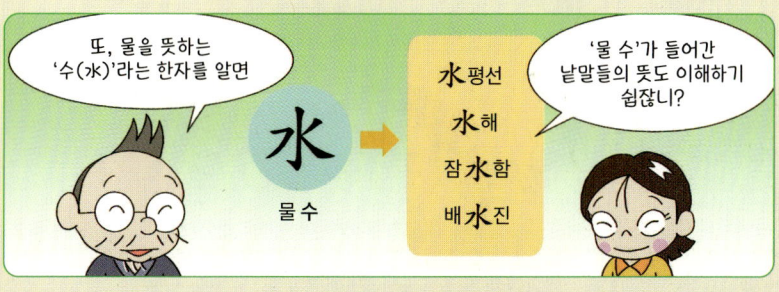

숫자 세기 어렵지 않아

옛사람들은 숫자를 한자로 어떻게 나타냈을까? 의외로 간단했단다. 우리가 손가락을 하나하나 꼽아 가며 셈을 하듯이 바닥에 금을 하나씩 긋거나 나무 막대(산가지)를 하나씩 더했어. 하나는 일(一), 두 개는 이(二), 세 개는 삼(三)으로 말이야.
자, 숫자 공부를 시작으로 이번 시간에도 신나게 한자의 세계 속으로 들어가 보자.

하나이면서 유일한 것
한

옆으로 금을 하나 그어서 하나임을 나타냈어. 한 일(一)이라고 읽어. 우리말로는 '하나', 아라비아 숫자로는 '1'이라고 하지. 우리가 숫자를 배울 때 가장 먼저 접하게 되는 글자야.

옛날 중국에서는 숫자를 셀 때 가늘고 길게 자른 나무 막대를 사용했어. 이 막대를 '산가지(算木)'라고 해. 一은 이 막대를 옆으로 하나 놓은 모양이야. 그럼 막대 두 개는 둘, 세 개는 셋이 되겠지?

一은 '일', '하나'뿐만 아니라 '첫째', '으뜸' 등을 뜻해. 그리고 하나는 유일한 것이어서 '오로지', '모든'이라는 뜻과도 통하지.

一은 부수로도 쓰이는데, 그때는 '하나'라는 뜻보다는 글자 모양만 빌려 와서 쓰는 경우가 많단다.

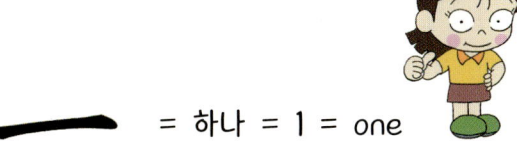

一	부수 一	
	총획 1획	一

2 二

하나만 있으면 외로우니

두 01

하나를 뜻하는 한자 한 일(一)을 배웠으니 둘을 나타내는 글자는 쉽지? 처음 막대에 막대 하나를 더 올려놓으면 돼. 이것을 글자로 나타낼 때는 위의 금은 아래 금보다 짧아야 해. 옛날에는 아래와 위가 거의 같은 길이였대. 두 이(二)라고 읽고 '둘'이나 '둘째', '두 번', '배', '짝수' 등을 뜻해.

이렇게 막대 두 개로 둘을 나타내는 문자도 지사 문자라고 해. 이번 단원에서 배우는 一, 二, 三 등이 모두 지사 문자를 대표하는 글자들이야. 지사 문자에 대해서는 1권에서 배웠어. 상형 문자로 나타낼 수 없는 추상적인 개념을 표현할 때 점이나 금 등을 더하여 만든 글자라고 말이야.

숫자 하나는 무엇이 있음을 나타내. 세상의 모든 사람이나 동물, 식물 등은 제각기 따로 존재해. 나도 세상에 하나밖에 없고 말이야. 그래서 하나는 있다는 뜻이 되지. 그에 비해 둘은 서로 짝이 되거나 쌍이 되거나 반대가 되는 것을 가리켜. 하늘과 땅, 낮과 밤, 남자와 여자, 아이와 어른처럼 말이야. 전체로는 하나인데 둘로 나뉘어야 일이 일어나지. 그런 점에서 둘은 대립을 이룬단다.

二	부수 二	一 二
	총획 2획	

가위바위보도 삼세판
석

자, 이제는 셋이야. 막대 세 개를 차례로 늘어놓은 모양이고, 석 삼(三) 또는 셋 삼이라고 해.

우리는 술래잡기를 할 때 술래를 정하기 위해서 가위바위보를 해. 이때 한 번으로 끝내기도 하지만, 어딘가 서운하면 세 번까지 하지. 이를 삼세판이라고 해. 세 번은 해야 진 사람도 결과를 불만 없이 받아들일 수 있다는 말이지.

우리도 그렇지만 중국에서도 누군가의 호의를 넙죽 받는 것은 예의가 아니라고 여겼어. 최소한 세 번은 거절해야 한다는 것이지. 三이 '자주'나 '거듭'의 뜻으로 쓰이는 것도 이런 이유 때문이야.

그 밖에 三은 쓰임새가 아주 많아. 옛날에 아기를 점지하고 잘 자라게 해 주는 세 할머니 신을 삼신할머니라고 했고, 하늘과 땅 그리고 사람을 일컬어 삼재(三才)라고 했으며, 사람이 꼭 지켜야 할 강령을 삼강(三綱)이라고 했어. 만세도 세 번 부르고, 잘못을 해도 세 번째에 이르러서야 비로소 따져 물었지. 3이라는 숫자가 여기저기 참 많이 들어가는구나.

三	부수 一	ー 二 三
	총획 3획	

둘이 두 번 겹친

 **사**

넉 사(四)는 한 일(一), 두 이(二), 석 삼(三)과는 글자 모양이 다르지? 그 이유를 설명해 줄게.

아주 옛날에는 앞의 다른 글자들처럼 막대 네 개로 숫자 넷(亖)을 나타냈어. 그런데 석 삼(三)과 비슷해서 혼동이 되자 코에서 숨이 나오는 모양을 본뜬 글자인 四를 넉 사와 소리가 비슷해 가져다 썼어. 지금 숨쉰다는 글자는 입 구(口)를 더해 쉴 희(呬)로 쓰이고 있지.

넷도 우리 삶과 깊이 얽혀 있고, 수에 관한 생각의 밑바탕을 이루고 있어. 동서남북을 사방(四方)이라고 하고, 봄과 여름과 가을과 겨울을 사계(四季) 또는 사계절이라 하지.

넷은 둘이 두 번 겹친 거야. 그래서 수가 짝수로 늘어나는 것을 나타내기도 해.

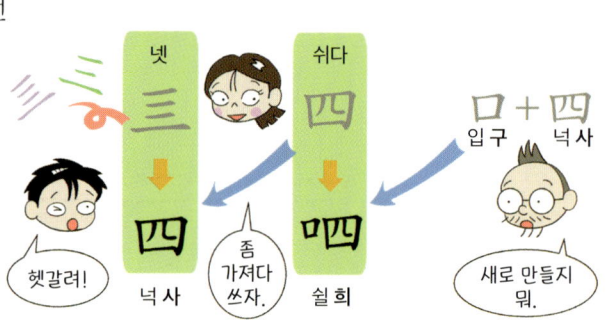

四	부수 口	丨 冂 冂 四 四
	총획 5획	

한 단위로 묶이는 숫자
#

다섯 오(五)는 원래 두 이(二) 사이에 막대 두 개를 엇갈려 겹쳐 놓은 모양이었어. 일, 이, 삼처럼 막대를 늘어놓는 것으로는 더 이상 글자를 만들 수 없었기 때문에 다른 방법을 생각해 낸 것이지.

다섯은 한 손의 손가락이나 한 발의 발가락 수야. 그래서 다섯까지 세면 수가 한 단위로 묶이지. 손가락을 하나씩 꼽아서 다 꼽으면 다섯, 다시 하나씩 펴서 다 펴면 열이 되니까. 옛사람들은 사물을 분류할 때 목적에 따라 여러 숫자를 기준으로 삼았는데 다섯도 그 중 하나였어.

동양의 자연과학에서는 물질의 성질을 다섯 가지로 분류해서 이를 오행(五行)이라고 했어. 색깔, 소리, 방향, 성격, 맛 등 사람의 삶을 이루는 여러 요소를 다섯으로 배열했고, 이 다섯 가지 요소가 서로 화합하거나 극복하면서 이 세상의 모든 사물을 만들어 내고 사람의 몸을 이룬다고 생각했지. 우리는 다섯 가지 감각 기관을 통해 바깥 세계를 느끼지.

五	부수 二 총획 4획	一 丁 五 五

모아 읽고 익히기
★★★

지금까지 배운 한자를 정리해 봐요.
( ) 안에 한자의 뜻과 소리를 써넣으세요.
그리고 이 한자가 들어간 단어들을 반복하여 읽으면서
완벽하게 익혀 보세요.

뜻풀이	한자	단어
하나이면서 유일한 것 ( )	一	一生, 一당백, 一면식, 一주日, 구사一生, 一石二조, 一長一단
하나만 있으면 외로우니 ( )	二	二중, 二등변, 二毛작, 종二품, 身土불二, 一口二언, 一人二역
가위바위보도 삼세판 ( )	三	三경, 三보, 三국지, 三고草려, 三三五五, 작心三日, 草가三간
둘이 두 번 겹친 ( )	四	四방, 四주, 四계절, 四군子, 문방四友, 장三이四, 조三모四
한 단위로 묶이는 숫자 ( )	五	五미, 五행, 五륜기, 五미子, 五곡백果, 五장육부, 五십보백보

숫자에는 세상이 들어 있어

나무 막대를 늘어놓는 것으로 충분하지 않을 때는 엇갈려 놓거나 수직으로 세우기도 했어. 여섯, 일곱, 여덟, 아홉, 열을 뜻하는 한자는 그렇게 조금씩 변형해서 만들었어. 알고 보면 인간은 응용의 본능을 타고났지.
이들 숫자가 어떻게 만들어졌는지, 그리고 숫자들에는 어떤 뜻이 들어 있는지 차근차근 공부해 보자.

벌집이 육각형인 이유는
여섯 륙 / 육

여섯은 한 손으로 수를 셀 때 오므렸던 다섯 손가락을 다시 펴면서 시작하는 숫자야. 세상에는 여섯을 단위로 하는 사물이나 현상도 많아. 몇 가지 예를 들어 볼게.

먼저 초등 교육은 6년이야. 우리는 6년 동안 학교에 다니면서 배워야 해. 벌집은 육각형이야. 육각형은 벌이 집을 지을 때 공간을 가장 잘 활용할 수 있는 구조라고 해. 물의 결정도 육각형이지.

그뿐만이 아니야. 조선 시대 중앙과 지방의 정부 구조는 여섯을 단위로 이루어져 있었어. 중앙 정부는 육조, 지방 정부는 육방이라고 했지. 그리고 지금의 서울 종로 거리에 육의전이라고 하여 정부에 물자를 대 주고 시장 역할을 하는 상점이 있었어.

불교에서는 사람이 온갖 불행과 괴로움을 겪는 까닭은 여섯 가지 몸이 하는 일 때문이라고 해. 곧 눈으로 보고, 귀로 듣고, 코로 냄새 맡고, 혀로 맛을 보고, 몸으로 느끼고, 머리로 생각하면서 온갖 괴로움이 일어난다고 보는 것이지. 좀 어려운 말이지만 6이라는 숫자에는 참 많은 의미가 들어 있는 것 같지?

六	부수 八	、 二 亠 六
	총획 4획	

행운의 숫자라서 쓰임새도 많은
일곱

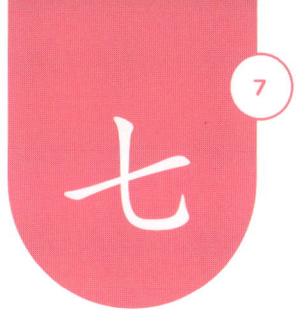

일곱 칠(七)은 원래 열 십(十)과 생김새가 비슷했다고 해. 그래서 혼동을 피하고자 끝을 구부려 지금과 같은 글자 형태가 되었대.

'7' 하면 무엇이 가장 먼저 떠오르니? 행운의 숫자라는 말 아닐까? '러키세븐'이라고 하잖아. 그런 믿음 때문인지는 몰라도 7과 관련된 것이 많아.

어두운 밤 길잡이 역할을 하는 북두칠성도 일곱 개의 별이고, 무지개도 일곱 가지 색깔이며, 일주일도 7일이야. 옛날 서양에서 교양을 갖추기 위해 시민이 꼭 배워야 할 학과목도 일곱이었대. 기독교에서 하나님은 엿새 동안 천지 만물을 창조하고 일곱째 날 쉬셨다지. 아휴, 숨차네.

또한 1에서 10까지 숫자 가운데 7은 아주 독특한 숫자야. 1과 7을 제외한 나머지 숫자는 짝수든 홀수든 다른 숫자와 더하거나 빼거나 곱하거나 나눌 때 관계를 맺지. 3은 6, 9의 배수가 되듯이 말이야. 그런데 7은 1 외에 어느 숫자하고도 배수나 약수가 되지 않아. 또 7 앞의 수, 즉 1과 6, 2와 5, 3과 4를 더하면 모두 7이 되지.

七	부수 一 총획 2획	一 七

세상에서 가장 충만한 숫자
여덟 팔

여덟 팔(八)은 두 손을 네 손가락씩 모아 펴고 있는 모습 같아. 또는 사물을 반으로 나눈 모습 같기도 해. 맞아, 글자 풀이대로 예전에는 八이 '나누다'라는 의미로 쓰였어. 그러다 가차해서 '여덟' 또는 '8'을 나타냈고, 나눌 분(分)이 '나누다'라는 뜻을 대신하게 되었어.

八은 중국 사람들이 무척 좋아하는 숫자 중 하나야. 특히 세상에서 가장 충만한 숫자로 여겨서 모든 방향을 가리키는 팔방(八方), 어느 모로 보나 아름다운 사람 또는 여러 방면에 능통한 사람을 일컫는 팔방미인(八方美人) 등의 의미로 썼어.

옛사람들은 사람이 태어난 해와 달과 날짜와 시간을 따져 그 사람의 한평생을 가늠해 보았어. 이를 사주팔자라고 해. 지금도 어른들은 새해가 되거나 결혼 같은 중요한 일을 앞두고 사주를 보곤 하지.

八	부수 八	ノ 八
	총획 2획	

아홉수를 잘 넘기려면
아홉 구

이제 한 자리 자연수 가운데 가장 큰 숫자인 아홉 구(九)를 공부해 보자. 九는 다섯 손가락은 위로 펴고 네 손가락은 옆으로 편 모습에서 가져왔다고도 하고, 팔을 구부린 모양을 본떴다고도 해. 또는 열 십(十)의 가로획을 구부려서 만들었다고도 하지.

글자가 만들어진 유래야 어떻든 아홉은 한 자리 수 중에서 가장 큰 숫자이기 때문에 '많다'라는 뜻이 있어. 또한 오랠 구(久)와 소리가 비슷해서 '오래되다'라는 의미도 있지.

아홉은 많은 것 같지만 두 자리 수인 열보다는 적어. 아이도 아홉 살까지는 어린 것 같지만 열 살이 되면 부쩍 의젓해진 것 같아. 그래서 우리나라에서는 열아홉, 스물아홉, 서른아홉의 아홉 나이를 중요하게 여기고 아홉수를 잘 넘기려고 조심했대. 또한 9가 두 번 겹치는 음력 9월 9일을 중양절이라고 하여 노인을 공경하는 날로 기념하기도 했지.

참, 九의 부수는 새 을(乙)인데, '새'와는 아무 관련이 없다는 사실도 알아 두렴.

| 九 | 부수 乙(乙)
총획 2획 | ノ 九 |

'一'에 세로로 금을 그으면

열 십

열 십(十)은 한 일(一)에 세로로 금을 그어 만든 글자야. 1의 10배라는 의미이지. 그런데 갑골문에는 세로획 하나만 그어져 있어. 막대 하나를 똑바로 세워서 숫자 10을 나타낸 것이지. 그러다 세로획 중간에 금을 그어 가로획과 세로획이 교차하는 지금의 글자가 되었어. '열', '열 번', '열 배', '전부' 등을 뜻해.

10은 사람이 손가락으로 꼽을 수 있는 숫자 중 가장 큰 숫자야. 우리가 숫자를 셀 때 10을 단위로 하면 세기도 쉽고 자연스럽지. 그래서 자연수는 흔히 십진법으로 계산을 해. 10은 한 단위를 마감하고 새 단위가 시작되는 숫자이자 숫자의 완성을 의미하기도 해. 十은 부수로 쓰이기는 하지만 대부분 모양자 역할만을 해.

十	부수 十	一 十
	총획 2획	

모아 읽고 익히기
★★★

지금까지 배운 한자를 정리해 봐요.
(   ) 안에 한자의 뜻과 소리를 써넣으세요.
그리고 이 한자가 들어간 단어들을 반복하여 읽으면서
완벽하게 익혀 보세요.

벌집이 육각형인 이유는 ( )	**六**	六감, 六미, 六서, 六순, 六신, 사六신, 六하원칙
행운의 숫자라서 쓰임새도 많은 ( )	**七**	七석, 七순, 七음, 七면조, 북두七星, 七언절구, 七전八기
세상에서 가장 충만한 숫자 ( )	**八**	八도, 八관회, 四주八자, 二八청춘, 七난八고, 八방미人, 八만大장경
아홉수를 잘 넘기려면 ( )	**九**	九九단, 九리시, 九미호, 九층탑, 九사一生, 九牛一毛, 十중八九
'一'에 세로로 금을 그으면 ( )	**十**	十계命, 十長生, 十진법, 문일지十, 十년지己, 十벌지木, 十시一반

해와 달로 시간을 가늠해 보자

아침, 낮, 저녁, 밤 등의 한자는 어떻게 만들었을까? 옛사람들은 해나 달이 뜨거나 지는 것을 보고 글자를 만들었어. 해와 달이 함께 있으면 이른 아침(朝), 해가 떠 있으면 낮(午), 달이 뜨면 저녁(夕) 또는 밤(夜)으로 말이야.

해가 뜨고 지는 것으로 날짜를 정하고, 해의 그림자로 시간을 재고, 달의 삭망으로 한 달을 정했던 옛사람들의 시간 속으로 여행을 떠나 보자.

해와 달이 함께 있으니
아침 조

아침 조(朝)는 풀 초(艹)와 날 일(日), 달 월(月)이 결합한 모습이야. 넓은 풀밭을 배경으로 동쪽에서 떠오르는 해와 서쪽으로 저물어 가는 새벽달을 그린 것이지. 풀 사이로 해가 뜨고 달이 지니 아침이라는 뜻이겠지? 이처럼 이미 있는 글자들을 합쳐서 새로운 뜻과 소리를 표현하도록 만든 문자를 회의 문자라고 해.

아침은 신선하고 새로운 느낌을 주지. 사람의 일생에서는 어린 시절에 해당해. 아침이 되면 새롭게 하루가 시작되기 때문에 자식이 부모를, 신하가 임금을 뵙고 하루를 시작한다는 뜻에서 朝는 '아침'에 어른을 '뵙다'는 뜻도 있어.

조삼모사(朝三暮四)라는 고사성어를 들어 보았을 거야. 고대 중국의 춘추전국시대 송나라의 저공이 먹이를 아침에 세 개, 저녁에 네 개를 주겠다고 하자 원숭이들이 화를 내지만 아침에 네 개, 저녁에 세 개를 주겠다고 하자 좋아했다는 데서 유래했어. 속인 저공도 잘 했다고 할 수 없지만, 눈앞의 이익에만 급급한 원숭이들도 어리석긴 마찬가지인 것 같구나. 우리도 원숭이들처럼 행동한 적은 없는지 한번 생각해 보자.

朝	부수 月	一 十 十 古 古 古 直 卓 朝 朝 朝 朝
	총획 12획	

해가 떠서 질 때까지

낮 **오**

아침을 지나 어느덧 낮이 되었구나. 낮은 아침에 동쪽 산 위로 떠오른 해가 서쪽으로 질 때까지의 밝은 시간을 말해. 바로 우리가 열심히 활동하는 때이지.

낮 오(午)는 원래 절굿공이 모양에서 가져왔다고 해. 절굿공이는 절구에 곡식을 넣어 찧는 도구를 말해. 그러던 것이 午가 '정오'나 '낮'을 뜻하면서, 원래 절굿공이를 의미하던 글자는 나무 목(木)이 더해져 공이 저(杵)가 되었어. 절굿공이가 똑바로 세워져 있다는 것은 일을 하는 중이란 말이고, 이것은 곧 한낮이란 뜻이지.

낮과 관련된 한자가 많아. 오전, 정오, 오후 등이 모두 낮을 나타내. 이해하기 쉽게 정리를 해 보면 오전(午前)은 밤 열두 시부터 낮 열두 시까지, 정오(正午)는 낮 열두 시, 오후(午後)는 낮 열두 시부터 밤 열두 시까지를 말해. 그리고 오시(午時)는 해가 가장 높이 떠 있는 오전 열한 시부터 오후 한 시 사이를 일컬어.

午는 뒤에서 공부할 낮 주(晝)와 비슷한 뜻을 가진 글자야. 다만, 시간을 나타낼 때는 午를 더 많이 쓴다는 사실을 알아 두렴.

午	부수 十	ノ 一 仁 午
	총획 4획	

'月'에서 금 하나를 빼니
저녁 석

夕

달의 모습을 본떠 만든 글자야. 달 중에서도 반달에 가깝다고 할 수 있어. 해가 지고 어스름해지면 서쪽 하늘에 달이 서서히 모습을 드러내. 더러 달 주위로 구름이 드리우기도 하지. 달이 떠야 비로소 저녁이 되었음을 알 수 있어.

이처럼 저녁 석(夕)은 달과 관련이 있어. 실제로 옛날에는 달 월(月)과 글자 모양도 비슷했다고 해. 이에 혼란을 피하기 위해 月에서 금 하나를 빼서 구분을 했어. 그리고 月은 달을, 夕은 달이 뜨는 저녁을 뜻하는 글자로 썼지. 저녁이 더욱 깊어지면 밤이 되는데, 밤을 뜻하는 글자 밤 야(夜) 역시 夕을 부수로 해.

夕은 단독으로도 부수로도 쓰이는데, '저녁' 외에 '밤', '끝', '서쪽', '(날이) 저물다' 등을 뜻하지.

夕	부수 夕	ノ ク 夕
	총획 3획	

하늘은 파랄까, 아니면 검을까?
밤 야

밤하늘을 올려다본 적 있니? 낮에는 파랗던 하늘이 밤에는 검은색으로 보여. 왜 그럴까 궁금하지 않아? 하늘이 본래 어떤 색일까 물어보면 과학 좀 아는 사람은 검다고 대답하겠지만 옛사람들은 파랗다고 생각했어.

그러나 모두가 하늘이 파랗다고 생각한 것은 아냐. 옛날 서당에서 처음 배우는 책은 『천자문』이었는데, '천지현황(天地玄黃)'으로 시작해. 이것을 풀이하면 '하늘은 검고 땅은 누렇다'라는 뜻이야. 왜 하늘을 검다고 여겼을까?

우리 시야 너머는 미지의 세계이고, 그 세계는 암흑이기 때문에 검다고 생각했대. 단지 색깔의 문제가 아니라 알 수 없는 세계이기 때문에 검다고 여겼던 것이지.

맞아. 해가 떠서 파랗게 보일 뿐 본래 하늘은 색이 없는 어둠의 세계야. 밤이면 하늘은 본래 제 빛깔을 찾아가지. 밤 야(夜)는 팔을 벌리고 선 사람의 겨드랑이에 달이 있는 모습을 본뜬 거야. 겨드랑이 아래 달이 있으니 깜깜한 어둠을 표현한 것이라고 할 수 있어.

夜	부수 夕 총획 8획	丶 一 广 广 产 夕 夜 夜

세상에 밤이 없고 낮만 있다면?
낮 주

낮은 해가 다스리는 시간이야. 해가 떠 있는 낮 동안 우리는 학교에 가거나 일을 하면서 바쁘게 지내지.

옛사람들은 해가 뜨거나 지는 것을 보고 시간을 가늠했어. 해가 가장 높이 뜨는 정오에 해의 그림자를 표시해 두면 조금씩 길이가 길어졌다 짧아졌다 하니 이 그림자의 길이를 기준으로 시간을 정했어. 낮 주(晝)는 해를 뜻하는 글자(日)에 해의 그림자를 살피기 위해 막대기를 세우는 모습을 더해서 만든 글자야.

세상에 낮만 있다면 어떨까? 위도가 높은 나라에서는 밤에도 해가 지지 않거나 해가 진 뒤에도 어두워지지 않는대. 그럼 하루 종일 바깥에서 뛰어놀 수도 있지 않을까?

| 晝 | 부수 日 | ㄱ ㄱ ㅋ ㅋ 크 클 㐄 肀 聿 晝 晝 |
| | 총획 11획 | 晝 晝 |

모아 읽고 익히기

지금까지 배운 한자를 정리해 봐요.
(   ) 안에 한자의 뜻과 소리를 써넣으세요.
그리고 이 한자가 들어간 단어들을 반복하여 읽으면서
완벽하게 익혀 보세요.

해와 달이 함께 있으니 ( )	朝	朝반, 朝夕, 朝朝, 朝회, 朝변夕개, 朝선王朝, 朝선王朝실록
해가 떠서 질 때까지 ( )	午	午수, 午전, 午찬, 午후, 정午, 午전반, 子午선
'月'에서 금 하나를 빼니 ( )	夕	夕간, 夕식, 夕양, 朝夕, 秋夕, 朝夕공양, 花朝月夕
하늘은 파랄까, 아니면 검을까? ( )	夜	夜경, 夜광, 심夜, 전夜, 晝夜, 불夜성, 금의夜행
세상에 밤이 없고 낮만 있다면? ( )		晝간, 白晝, 一晝夜, 晝광색, 불철晝夜, 晝경夜독, 晝夜長川

여름은 뜨겁게, 겨울은 차갑게

이번 시간에는 봄과 여름, 겨울과 지금, 한 해 등 시간의 흐름과 관련된 글자를 공부해 보자.

시간은 물 흐르듯 쉼 없이 흐르지. 이미 흘러간 시간은 붙잡을 수도 없고, 아직 오지 않은 시간은 미리 앞당길 수도 없어. 우리가 지금 이 순간 최선을 다해 살아야 하는 까닭이야.

지붕 덮개 밑에 금을 긋다
이제 금

오늘 하루는 어땠어? 공부도 열심히 하고, 선생님과 부모님 말씀도 잘 들었어? 친구들과도 사이좋게 지내고? 잠자리에 들기 전 이 질문에 답을 해 보자. 잘했다고 생각하면 칭찬을 해 주고, 그렇지 않다면 내일은 더 열심히 하겠다고 다짐을 해 봐. 이제 금(今)을 공부하면서 왜 이런 말을 하느냐면 지금 이 순간을 살아가는 것이 얼마나 중요한지를 생각해 보자는 의미에서야.

우리는 늘 지금을 살아가지. 시간은 눈 깜짝할 사이에 지나가. 아주 잠깐이라도 이미 지나간 시간은 붙잡을 수 없고, 아직 오지 않은 시간은 미리 앞당길 수도 없어. 게다가 우리는 저마다 다른 시간을 갖고 있어. 그러니 다른 사람과 비교하느라 시간을 낭비하지 말고 나에게 주어진 시간을 충실히 살아야 해.

今은 지붕과 같은 덮개 밑에 서까래처럼 생긴 금을 그어 만든 글자야. 한 해 두 해 세월이 흐르다 보면 덮개 밑 먼지는 더 쌓이겠지. 그렇게 시간이 흘러 '지금', '오늘'에 이르렀어. 사람 인(人)이 부수로 쓰였지만 사람과는 관계가 없어.

今	부수 人	ノ 人 𠆢 今
	총획 4획	

씨앗을 뿌려서 거두기까지
해 년

우리말로 '해'라고 하면 하늘에 떠 있는 태양을 뜻하기도 하고, 지구가 태양을 한 바퀴 도는 동안, 날이 밝아서 어두워질 때까지의 동안 등을 의미해. 또는 나이를 나타내기도 하지.

해 년(年)은 방패 간(干)이 부수이지만 방패와는 관련이 없어. 갑골문을 보면 사람 인(人) 위에 벼 화(禾)가 그려져 있었다고 해. 사람이 등에 볏단을 지고 가는 모습을 나타낸 것이지. 이것은 가을이 되어 곡식을 수확한 것으로 볼 수 있어.

곡식을 수확한다는 것은 한 해가 마무리되었다는 의미야. 농사에서는 봄에 씨앗을 뿌리고 여름에 애써 가꿔서 가을에 거두어 갈무리하는 동안을 한 해로 삼았거든. 이렇듯 수확은 옛사람들이 해를 계산하는 데 중요한 근거가 되어 준 것이었지.

해는 늘 동쪽에서 떠서 서쪽으로 지는 것 같지만 사실은 날마다 아주 조금씩 뜨고 지는 자리가 달라지지. 하지에는 가장 높이 떴다가 동지에는 가장 낮게 떠. 이렇게 해는 수억 년 동안 뜨고 지면서 우리의 삶과 함께해 오고 있어.

年	부수 干	ノ 𠂉 ⺘ 㐄 年 年
	총획 6획	

새싹이 언 땅을 뚫고 올라오니

봄

봄 춘(春)은 날 일(日)과 풀 초(艸)가 합쳐진 모습이야. 그러나 갑골문에는 艸와 日, 진 칠 둔(屯)이 함께 그려져 있었어. 풀(艸)과 해(日), 그리고 새싹이 땅을 뚫고 나오는 모습(屯)이었던 것이지. 그러니까 따뜻한 햇볕이 들면서 언 땅에서 풀과 나무가 싹이 트는 때가 봄이라는 말이야.

옛사람들은 자연에 순응하며 살았어. 그런 사람들에게 땅이 얼어붙어 식물의 생장이 멈추는 긴 겨울이 지나고 해가 조금씩 높이 뜨고 따뜻한 볕을 받아 새싹이 푸르게 돋아나고 꽃이 피는 봄이 얼마나 반가웠을까!

春은 '봄'이라는 뜻 외에도 사람을 계절에 빗대어 '젊다'라는 의미로도 쓰여. 십 대 청소년이 차츰 이성을 느끼는 시기를 사춘기(思春期)라고 하고, 이십 대 젊은 시기를 청춘(靑春)이라고 하지.

春	부수 日	一 二 三 夫 夫 未 春 春 春
	총획 9획	

사람 위에 해가 떠 있으니
여름 하

어느덧 봄을 지나 여름이 되었어. 여름을 뜻하는 글자인 여름 하(夏)는 머리 혈(頁)에 천천히 걸을 쇠(夊)가 합쳐졌어.

옛 글자는 사람 위에 해가 높이 떠 있는 모습이었다고 해. 한여름 뙤약볕 아래에서 한 사람이 손을 움직여 무엇인가를 열심히 하고 있어. 아마도 농사와 관련된 일이 아니었을까 짐작해 볼 수 있어. 농사일은 햇빛이 가장 중요하기 때문에 햇빛이 강하게 내리쬐는 여름철을 중심으로 이루어졌지.

봄이 새로운 생명이 깨어나서 활동하는 때라면 여름은 그 생명이 저마다 자기 삶을 최대한 뻗어 가는 계절이지. 그리고 가을에는 그 결실을 거두고 말이야. 따라서 여름에 많은 일을 해야 가을에 결실도 많이 거둘 수 있어.

또는 夏는 무당이나 제사장이 여름에 비를 내려 달라고 춤을 추는 모습에서 유래했다고도 해.

| 夏 | 부수 夊
총획 10획 | 一 丆 丆 丏 丏 百 百 頁 夏 夏 |

마른 가지 끝에 매달린 나뭇잎
겨울 동

춘하추동 네 계절 가운데서 가을이 빠졌는데, 가을 추(秋)는 1권에서 이미 배웠어. 드디어 한 해의 끝자락인 겨울에 이르렀어. 겨울은 춥고 얼음이 얼지. 그래서 겨울 동(冬)은 얼음이 얼고(冫, 얼음 빙), 사계절 중에서 가장 뒤에 오는(夂, 뒤져서 올 치) 계절로 표현했어.

겨울은 식물이 잎을 모두 떨구고 개구리와 곰이 겨울잠을 자는 등 모든 동식물이 생장을 멈추는 시기야. 옛사람들은 겨울의 매서운 추위와 아픔을 견뎌야 새봄에 활기차게 새로운 삶을 시작할 수 있다고 생각했어. 겨울은 춥게 여름은 뜨겁게 겪어야 온갖 삶의 어려움을 이겨 내고 단단해진다고 말이야.

그래서 겨울을 뜻하는 한자는 앙상한 가지 끝에 간신히 매달린 나뭇잎 또는 열매의 모양을 나타낸 글자라고도 해. 또는 실꾸리에 실을 단단히 감아서 끝을 매듭짓는 모양이라고도 해.

冬	부수 冫	ノ ク 夂 冬 冬
	총획 5획	

모아 읽고 익히기

지금까지 배운 한자를 정리해 봐요.
( ) 안에 한자의 뜻과 소리를 써넣으세요.
그리고 이 한자가 들어간 단어들을 반복하여 읽으면서
완벽하게 익혀 보세요.

지붕 덮개 밑에 금을 긋다 ( )	今	今年, 今日, 고今, 방今, 지今, 今시초문, 동서고今
씨앗을 뿌려서 거두기까지 ( )	年	年륜, 소年, 학年, 年年生, 年年세세, 백年大계, 生年月日
새싹이 언 땅을 뚫고 올라오니 ( )	春	春秋, 입春, 청春, 사春기, 春곤증, 春三月, 春래불사春
사람 위에 해가 떠 있으니 ( )	夏	夏계, 夏복, 夏지, 성夏, 입夏, 冬蟲夏草, 夏로冬선
마른 가지 끝에 매달린 나뭇잎 ( )	冬	冬면, 冬지, 월冬, 입冬, 冬장군, 冬온夏정, 엄冬雪한

봉황이 바람을 만들었다고?

우리는 과학 시간에 바람은 기압이나 온도 등의 차이 때문에 공기가 이동하는 현상이라고 배웠어. 그런데 옛사람들은 상상 속의 새인 봉황이 큰 날개를 움직여서 바람을 일으킨다고 생각했어. 그래서 글자도 그런 모습을 본떠서 만들었지. 그럼 봉황이 어떻게 바람을 뜻하는 글자가 되었는지 살펴볼까?

봉황이 날개를 퍼덕이니
바람 풍

바람이 부는 것을 어떻게 알 수 있을까? 머리카락이 날리거나 나뭇가지가 흔들리면 바람이 분다고 생각하지. 또는 민들레 씨앗이 날아가는 것을 보면서 바람의 존재를 알아차리기도 해. 우리가 느끼지 못할 뿐 바람은 늘 우리 주위에 존재해. 바람은 공기의 움직임이니까 말이야.

옛사람들은 바람을 신령스러운 존재로 생각했어. 그리고 상상의 새인 봉황을 바람의 신으로 여겼지. 바람 풍(風)이 원래 큰 날개와 긴 꼬리를 가진 봉황의 모습을 본뜬 것만 봐도 알 수 있어. 봉황이 그 큰 날개를 퍼덕여서 바람을 만든다고 생각했거든.

이렇게 風이 때로는 '바람'으로, 또 때로는 '봉황'으로 쓰여 혼란이 일자 두 글자를 분리했어. 봉황은 새 조(鳥)를 더해 봉새 봉(鳳)으로, 바람은 벌레 충(虫)을 더해 風으로 쓰게 되었던 것이지.

그 밖에 바람은 단군 신화에도, 물, 불과 함께 사람들이 살아가는 데 꼭 필요한 자연의 세 가지 힘으로도, 그리고 고대 그리스에서는 만물을 만드는 공기에 영향을 미친 요소로도 등장해.

風	부수 風 총획 9획	丿 几 凡 凡 凨 凨 風 風 風

등불을 들어 사방을 비추다

빛 광

바람에 이어서 이번에는 빛을 나타내는 글자를 공부해 보자. 빛 광(光)은 어진사람 인(儿)과 불 화(火)가 합쳐진 글자로 '빛', '세월', '빛나다'라는 뜻을 가지고 있어.

1권에서 儿은 사람 인(人)이 변한 거라고 했지? 그러니까 光은 사람의 머리 위에 빛이 나는 모습을 나타낸 거야. 사람이 등불을 들어 사방을 비추는 모습을 형상화한 것이지. 아래 글자를 등불을 받치는 그릇으로 보기도 해.

중국에서 오래전에 쓰던 물건 가운데 등불을 머리 위에 높이 받쳐 들고 있는 노예의 모습을 조각한 것이 있어. 전기가 발명되기 전에는 등불을 밝히는 것이 아주 중요한 일이었으니 등불을 밝히는 일이나 등불을 들고 있는 일을 맡은 사람이 따로 있었던 것이지.

옛날에는 등불을 밝히기도 어렵고 비용도 많이 들었어. 나무나 기름을 태워야 불을 밝힐 수 있는데 구하기가 어려웠거든. 그리고 이렇게 어렵게 구한 등불은 높은 데 놓아두었어. 그래야 모두가 골고루 빛을 받을 수 있을 테니까.

光	부수 儿	丨 丿 丷 业 ル 光
	총획 6획	

'言'에 가로로 금을 그으면
소리 | 음

우리는 하루에도 수없이 많은 말을 하고 또 들어. 이렇게 우리가 하거나 듣는 말을 뜻하는 한자가 소리 음(音)이야. '말', '언어' 외에 '음악', '소식' 등도 모두 '소리'를 수단으로 하지.

옛날에는 말과 소리를 구분하지 않았다고 해. 말씀 언(言)으로 말과 소리를 모두 나타냈지. 그러다 言에서 아랫부분의 입을 나타내는 口에 가로획을 하나 그어서 소리를 뜻하는 글자를 만들었어.

言은 보통 뜻을 담은 말을 두루 나타내고, 音은 노래를 부르거나 외거나 할 때 곡조를 붙인 말, 또는 목구멍 속에서 나는 소리, 웅얼거리는 소리 등을 가리켜. 音이 부수로 쓰일 때는 음, 음악, 음성 등을 나타내지.

音	부수 音 총획 9획	、 一 十 立 立 产 产 音 音

해가 드는 양지

볕 양

볕 양(陽)은 언덕 부(阝)와 볕 양(昜)이 합쳐진 글자야. 해에서 빛살이 비치는 모습을 본떠 만든 글자인 昜에 언덕을 뜻하는 글자인 阝가 더해져 '볕', '해', '낮' 등을 나타내는 글자가 되었어.

해가 드는 곳은 陽이라는 글자를 써서 양달, 양지라고 해. 반면에 해가 들지 않는 곳은 그늘 음(陰)이라는 글자를 써서 음달(응달), 음지라고 하지. 陽은 陰에 비해 밝고 선명하며 적극적인 면을 상징해.

우리나라는 북반구에 있어. 북반구에 있는 나라에서는 해가 남쪽에 오면 햇빛이 북쪽으로 비쳐. 그래서 산의 남쪽은 해가 들고 북쪽은 그늘이 져. 산과 산 사이로는 강이 흐르는데, 강을 기준으로 보면 강의 남쪽은 산의 북쪽과 겹치니 그늘이 지고 강의 북쪽은 산의 남쪽과 겹치니 해가 비치지.

그래서 陽이라는 글자는 볕이 드는 산의 남쪽이나 강의 북쪽을 일컬었어. 땅이름 가운데 한양(漢陽), 낙양(洛陽, 중국의 뤄양)같이 陽이 들어간 이름은 도시의 앞을 흐르는 강의 이름에서 따왔어. 곧 한양은 한강 북쪽, 낙양은 낙수 북쪽을 가리키지.

陽	부수 阝(阜)	
	총획 12획	丨 丨 阝 阝 阝 阝 阝 阝 陽 陽 陽

모아 읽고 익히기

지금까지 배운 한자를 정리해 봐요.
( ) 안에 한자의 뜻과 소리를 써넣으세요.
그리고 이 한자가 들어간 단어들을 반복하여 읽으면서
완벽하게 익혀 보세요.

뜻풀이	한자	단어
봉황이 날개를 퍼덕이니 ( )	風	風경, 風속, 소風, 태風, 선風기, 위風당당, 평地風파
등불을 들어 사방을 비추다 ( )	光	光明, 光복, 관光, 月光, 光합성, 一촌光음, 電光石火
'言'에 가로로 금을 그으면 ( )	音	音성, 音악, 音운, 母音, 子音, 지音, 불협화音, 훈民정音
해가 드는 양지 ( )	陽	陽력, 陽산, 夕陽, 음陽, 太陽, 한陽

나는 어떤 존재일까?

나는 대학에서 동양철학을 공부했단다. 철학이 뭐냐고? 사전에는 '인간과 세계에 대한 근본 원리와 삶의 본질 등을 연구하는 학문'이라고 풀이하고 있는데, 쉽게 말해 이것저것 묻고 따지고 생각하는 학문이야. 그중에서 동양철학은 동양, 즉 한국, 중국, 인도에서 발전한 철학을 뜻하지.
이번 시간에는 철학적인 관점에서 있다(有)와 없다(無), 존재하다(在), 아니다(不), 비다(空)를 뜻하는 한자를 공부해 보자.

내 손안에 고깃덩어리가 있으니

있을

있을 유(有)는 또 우(又)와 달 월(月)이 합쳐진 글자야. 여기서 月은 달이 아니라 고기 육(肉)이 변형되었다는 사실을 알아 두자. 有는 사람이 손으로 물고기를 쥐고 있는 모습을 그린 거야. 손에 물고기가 있으니 '가지고 있다', '(나에게) 있다'라는 의미가 되지.

나를 둘러싼 세계는 내가 있다는 사실로부터 시작돼. 내가 있어야 세계가 있고, 세계가 있어야 나도 존재할 수 있어. 그렇다면 있다는 것은 무엇일까? 어떻게 있는 것일까? 내가 있다가 없어지면 나는 어떻게 될까? 이런 물음에 답하기 위해서 철학과 종교가 생겨났어.

그리고 있는 모든 것은 이름이 존재해. 이름을 알 수 없는 새로운 것이라도 이름을 붙임으로써 나에게 그 무엇으로 있게 되지. 예를 들어 누군가를 좋아하고 그리워하는 애틋한 마음을 사랑이라고 말함으로써 사랑이라는 말이 우리의 그런 마음을 대표하여 나타낼 수 있게 되었어.

좀 어려운 말이지? 나와 내 존재에 대해 고민할 때 한 번쯤 떠올리게 되니 이번 기회에 공부해 두도록 하자.

有	부수 月	ノ ナ オ 冇 有 有
	총획 6획	

'有'와 짝이 되는 글자
없을 무

앞에서 공부한 있을 유(有)와 짝이 되는 글자야. 원래 없을 무(無)는 양팔에 깃털을 들고 춤추는 사람을 본뜬 글자라고 해. 무당이 살풀이춤을 추는 것처럼도 보여. 그러다 無가 '없다'라는 의미로 쓰이면서 '춤추다'라는 글자인 춤출 무(舞)가 만들어졌어.

無는 有의 상대적인 개념이면서 없음을 표현하는 거의 유일한 한자야. 대체로 부정적인 의미로 쓰이지. 지식이 없는 것을 무식(無識)이라고 하고, 무슨 일이나 형편을 제대로 알지 못하고 자기 나름의 보는 눈이 없는 것을 무지(無知)라고 하는 것처럼 말이야.

친구가 나에게 없는 좋은 것을 갖고 있으면 욕심이 나기 마련이야. 그래서 그것을 갖고 싶어 안달이 나지. 설령 그것을 갖게 되더라도 시간이 지나면 또 다른 것에 눈길이 가고 말이야.

이렇듯 인간의 욕심은 끝이 없어. 하지만 가끔은 나를 위해서 또는 다른 사람을 위해서 무소유(無所有)를 실천해 보는 건 어떨까. 무소유는 가진 것이 없다는 말인데, 아예 아무것도 갖지 말라는 말이 아니라 꼭 필요한 것만 소유하자는 거야.

無	부수 灬(火)	ノ ㅅ ㄷ ㄷ 놓 缶 缶 無 無 無 無 無
	총획 12획	

구체적인 장소에 존재하니
있을 재

있을 재(在)는 흙 토(土)와 재주 재(才)가 합쳐진 글자야. 土는 뜻을, 才는 소리를 나타내.

원래 才는 새싹이 돋는 모습을 그렸어. 봄이 되면 겨우내 얼었던 땅에 새싹이 하나둘 고개를 내밀기 시작해. 그러나 아직 땅은 채 녹지 않아 단단해서 새싹이 그 틈을 비집고 올라오기란 쉽지 않아. 그럼에도 싹이 돋는 모습은 경이롭고 대견하기까지 하지. 才는 이런 새싹의 모습처럼 훌륭한 '재능'이나 '재주'를 뜻했어.

그러다 나중에 土가 더해져서 새싹이 돋는 곳이 땅이고, 그 땅에는 새로운 생명이 나고 존재한다는 의미를 갖게 되었어. 현실에 실제로 있는 것을 뜻하는 존재(存在), 실제로 존재하는 실재(實在), 우리가 살아가고 있는 이 시간 이 곳을 뜻하는 현재(現在) 등이 여기에서 비롯된 말이야.

앞에서 배운 있을 유(有)와 뜻이 같아. 다만, 有가 없을 무(無)와 짝이 되어서 있는 것 자체를 나타낸다면, 在는 어느 구체적인 장소를 차지하고 있다는 뜻으로 쓰인다는 점이 달라.

| 在 | 부수 土
총획 6획 | 一 ナ 才 𠂇 存 在 |

'不', 이건 아니야!

아닐 불 / 부

땅속 뿌리의 모양을 나타낸 글자야. 그런데 뿌리가 무언가에 가로막혀 위로 더 뻗어 나가지 못하지? 그래서 '아니다', '못하다', '하지 않다'라는 뜻을 갖게 되었어.

있는 것의 반대는 없는 거야. 있는 것은 있을 유(有), 없는 것은 없을 무(無)라고 하지. 그럼 아니라고 할 때는 어떻게 할까? 아닐 부 또는 불(不)이라고 해. 不는 부정의 뜻을 나타내는 대표적인 한자야. 그래서 이 글자가 들어가는 단어는 대체로 부정의 뜻을 나타내.

그리고 이 글자 뒤에 어떤 단어가 오느냐에 따라 발음이 달라진다는 사실도 기억해 두렴. 不 뒤에 우리말 ㄷ, ㅈ이 오면 '부'로 읽고 나머지는 '불'로 읽는단다.

不	부수 一	ー ア 不 不
	총획 4획	

구멍을 파서 만든 공간
빌

여러분은 마음이 텅 빈 것 같은 경험을 해 본 적 있어? 성적이 많이 떨어졌거나 친구와 다투었거나 부모님에게 꾸중을 들었거나, 어떤 이유 때문이든 그 일로 인해 아무 생각이 나지 않고 가슴이 텅 빈 것만 같은 경험 말이야.

빌 공(空)은 우리의 이런 마음 상태를 잘 표현한 글자 같아. 空은 장인 공(工)과 구멍 혈(穴)이 합쳐진 글자인데, 연장으로 황토 언덕에 구멍을 파서 만든 '공간'을 의미하거든. 공간은 곧 '비어 있다'는 뜻이지. 이것을 우리 마음에 비유하면 '공허하다', '쓸쓸하다'라고 할 수 있어.

또한 空은 '하늘'을 가리키기도 해. 맑고 푸른 하늘은 창공(蒼空)이라고 하고, 하늘과 땅 사이의 빈 곳은 공중(空中)이라고 하며, 텅 빈 공중은 허공(虛空)이라고 하지.

이처럼 空은 '비어 있다', '아무것도 없다'는 것을 뜻하는 글자에 두루 쓰인단다.

空	부수 穴 총획 8획	丶 丷 宀 宂 穴 宊 空 空

모아 읽고 익히기

지금까지 배운 한자를 정리해 봐요.
( ) 안에 한자의 뜻과 소리를 써넣으세요.
그리고 이 한자가 들어간 단어들을 반복하여 읽으면서
완벽하게 익혀 보세요.

내 손안에 고깃덩어리가 있으니 ( )	**有**	有능, 有名, 소有, 有기體, 만有인력, 有口無언, 有비無환
'有'와 짝이 되는 글자 ( )	**無**	無료, 無시, 無지, 無궁花, 無소有, 無념無상, 전無후無
구체적인 장소에 존재하니 ( )	**在**	소在, 실在, 존在, 현在, 잠在력, 在학생, 人命在天
'不', 이건 아니야! ( )	**不**	不정, 不足, 不편, 不행, 不동산, 不조리, 不가근不가원
구멍을 파서 만든 공간 ( )	**空**	空간, 空氣, 空상, 空책, 항空기, 空중누각, 탁上空론

내 자리는 어디?

이번 시간에는 안과 밖, 오른쪽과 왼쪽, 그리고 가운데를 뜻하는 글자를 공부해 보자. 이들 글자는 때로는 홀로, 때로는 어울려서 쓰여. 즉, 안(內) 또는 밖(外)으로 쓰이다가 두 글자가 어울려서 내외(內外)로도 쓰이지. 오른쪽(右)과 왼쪽(左)을 뜻하는 좌우(左右)도 마찬가지야.
이렇게 따로 또 같이 어울리는 글자들을 익혀 두면 한자의 세계가 더욱 넓어진단다.

마을 중앙에 깃발을 꽂으니

가운데 중

우리는 1권에서 '위'와 '아래'를 뜻하는 한자를 배웠어. 기준보다 위에 있으면 위 상(上), 아래에 있으면 아래 하(下)라고 쓴다고 말이야. 그럼 가운데는 어떻게 나타낼까?

가운데 중(中)은 입 구(口)와 뚫을 곤(丨)이 합쳐진 글자야. 글자만 보면 사물의 한가운데를 꿰뚫는 모습을 본뜬 것처럼 보이지. 그러나 中은 원래 바람에 나부끼는 깃발을 그린 것이었다고 해.

옛날에는 씨족끼리 한곳에 모여 살았어. 마을에 큰일이 있으면 마을 중앙에 깃발을 꽂아서 알렸어. 그럼 사람들이 깃발 아래로 모여들었지. 깃발이 선 곳은 중심이 되고, 이 깃발을 담당한 사람은 힘을 가진 우두머리가 되었어. 또는 이웃 마을과 경계 지역에 깃발을 세워서 자기 영역을 주장했어. 여기서 중간 지대, 곧 '가운데'라는 뜻이 나왔대.

옛날과는 방식이 다르지만 지금도 나라에 중요한 일이 있거나 주장하고 싶은 일이 있으면 시민들이 공동체의 중앙 광장에 모여서 함께 목소리를 낸단다.

中	부수 丨	丨 口 口 中
	총획 4획	

사람이 집 안으로 들어가니

안 내(內)는 '안', '속', '내부' 등을 뜻하는 글자야. 바로 다음에 공부할 '겉', '바깥'을 뜻하는 밖 외(外)와는 반대되는 말이지.

內는 멀 경(冂)과 들 입(入)이 결합한 회의 문자야. 여기서 冂은 집의 모양을 나타내는 역할을 해. 따라서 內는 사람이 집 안으로 들어간다는 데서 '안'이라는 뜻을 갖게 되었어. 집이나 건물의 안(室內, 실내)뿐만 아니라 학교의 안(校內, 교내)이나 도시의 안(市內, 시내)으로도 들어갈 수가 있어. 더 나아가 사람의 마음속(內面, 내면)으로 들어가 엿볼 수도 있지.

우리는 낮에는 밖에서 공부나 일을 하고 밤에는 집으로 들어가. 그럼 집 안에서는 무엇을 할까? 내일을 위해 편히 쉬거나 잠을 잘 거야. 또는 못다 한 공부를 하겠지. 이렇듯 집 안은 엄마의 품속처럼 편안한 휴식처가 되어 주는 곳이란다.

겉으로 보기에는 강하나 속은 부드러운 것을 내유외강(內柔外剛)이라고 하고, 그 반대는 외유내강(外柔內剛)이라고 해. 여러분은 어떤 사람인 것 같아?

內	부수 入	ㅣ 冂 内 內
	총획 4획	

금을 그어 정한 기준의 바깥
밖 외

밖 외(外)는 안 내(內)의 반대되는 말이야. 저녁 석(夕)과 점 복(卜)이 합쳐진 회의 문자이지. 卜이라는 글자가 들어간 것에서 알 수 있듯이 이 글자는 점과 관련이 있어.

옛사람들은 중요한 일을 앞두고 점을 쳤어. 점을 칠 때는 소의 어깨뼈나 거북의 등딱지를 사용했는데, 여기에 구멍을 뚫고 불에 구워서 갈라지는 금을 보고 길흉을 판단했대. 이렇게 점을 칠 때 금을 그어서 정한 기준에서 바깥 부분을 나타내는 표시가 바로 外라는 글자가 되었어.

또 다른 설명도 있어. 점은 아침에 봐야 잘 맞았어. 그런데 저녁에 점을 봐야 할 때도 있었어. 이런 일은 흔히 있는 것도 아니었고 잘 맞지도 않았어. 그래서 外는 '바깥', '벗어나다', '멀다'라는 뜻을 갖게 되었대.

앞에서도 말했지만 안과 밖은 자주 어울려 쓰이는 글자야. 심지어 사람 사이를 가리킬 때도 쓰여. 남자는 外, 여자는 內라고 하고, 이 둘을 합친 내외(內外)는 부부를 가리키지.

外	부수 夕 총획 5획	ノ ク 夕 外 外

연장을 들고 오른손을 돕다
왼

이번에는 오른쪽과 왼쪽을 뜻하는 한자를 공부해 보자. 먼저 왼쪽이야. 우리 몸에 없어서는 안 될 왼손, 왼발 등, 오른쪽과 짝을 이루는 왼쪽을 뜻하는 글자는 어떻게 만들어졌을까?

왼 좌(左)는 왼손 모양을 본뜬 글자에 장인 공(工)이 합쳐졌어. 원래 글자에는 工이 없고 왼손 모양만이 있었어. 그러다 자 또는 실을 다루는 도구를 뜻하는 工이 결합해서 왼쪽을 뜻하게 되었지. 다시 말해 左는 왼손에 연장을 들고 오른손이 하는 일을 돕는다는 뜻으로 짐작해 볼 수 있어.

반면에 오른 우(右)에는 입 구(口)가 들어 있어. 밥을 먹고 글을 쓸 때는 오른손을 사용하고, 일할 때는 왼손을 사용한다는 의미로 풀이할 수 있어. 이렇게 글자에서 오른손과 왼손의 사용을 다르게 했단다.

오른손, 왼손 공평하게

식사할 때 숟가락은 어느 손으로 잡아야 할까? 사람에 따라 다르겠지만, 옛날에는 밥을 먹는 손은 오른손이라고 생각했어. 오른 우(右)에서 그 흔적을 발견할 수 있어.

右는 '손'을 뜻하는 또 우(又)에 입 구(口)를 더해서 만들었어. 밥을 먹는 손은 오른손이라는 의미인 것이지. '오른쪽'이나 '오른손' 외에 '서쪽', '높다', '귀하다' 등의 뜻이 있어.

사람들은 오른손잡이가 왼손잡이보다 많다고 해. 게다가 뿌리가 되는 말 가운데 '오른손/오른쪽'은 옳은 것, '왼손/왼쪽'은 왼 것(비뚤어지거나 그른 것)을 나타낸다고 하지.

물론 왼손잡이라고 해서 차별해서는 안 되겠지만 대부분의 생활 방식이 오른손잡이에게 편리하게 되어 있는 것은 사실이야. 이것도 어떻게 보면 차별이니 오른손, 왼손 공평하게 대해야겠지.

右	부수 口	ノ ナ 大 右 右
	총획 5획	

모아 읽고 익히기

지금까지 배운 한자를 정리해 봐요.
( ) 안에 한자의 뜻과 소리를 써넣으세요.
그리고 이 한자가 들어간 단어들을 반복하여 읽으면서
완벽하게 익혀 보세요.

마을 중앙에 깃발을 꽂으니 ( )	中	中단, 中心, 中용, 中학校, 백발백中, 언中有골, 자中지란
사람이 집 안으로 들어가니 ( )	內	內복, 內용, 內장, 실內, 읍內, 內복약, 內우外환
금을 그어 정한 기준의 바깥 ( )	外	外교, 外연, 內外, 海外, 자外선, 기상天外, 外유內강
연장을 들고 오른손을 돕다 ( )	左	左右, 左천, 左측, 左의정, 右왕左왕, 전후左右, 左고右면
오른손, 왼손 공평하게 ( )	右	右익, 右측, 右水영, 右의정, 右향右, 좌右명, 左충右돌

한자는 문과 공부에 어떤 도움이 될까?

동서남북, 어느 쪽으로 가 볼까?

동서남북 네 방위는 해가 뜨거나 지는 것과 관련이 있어. 동쪽은 해가 뜨는 곳이고 그 반대는 해가 지는 서쪽이야. 남쪽은 해가 높이 떠서 밝고, 북쪽은 햇빛이 적어서 춥고 어두운 느낌을 주지.

지금처럼 휴대 전화 어플이나 나침반이 없던 시절에는 방위로 길을 찾았어. 또 방위를 따져 가며 집을 짓고, 길흉화복을 점쳤지. 한자 공부에서 방위는 매우 중요하니 꼭 알아 두도록 하자.

해가 뜨는 곳
동녘 동

東

동은 동서남북 네 방위 중 하나로, 해가 뜨는 곳을 가리킨단다. 모두 이 사실은 알고 있지? 너무나 쉽다고? 그래도 한자 공부에서 방위는 중요하니까 글자가 만들어진 유래 정도는 알아 두도록 하자. '동'에 방향을 가리키는 순우리말 '녘'을 붙여서 '동녘'이라고도 해.

동녘 동(東)의 유래에 대해서 예전에는 나무(木) 사이로 해(日)가 떠오르는 모습을 본떠 만들었다고 풀이를 했어. 해가 떠오르는 곳이면 당연히 동쪽을 의미하겠지?

그러나 갑골문이 발견된 뒤로는 보따리에 알곡을 가득 담아 양 끝을 묶어 놓은 모습을 형상화한 것이라고 보았어. 자루에 씨앗을 담아 두었다가 이듬해 동쪽에서 따뜻한 바람이 불어오면 씨앗을 뿌리겠지. 그래서 해가 떠오르는 동쪽을 나타내는 글자로 쓰이게 되었다고도 해.

동쪽은 해가 뜨는 곳이고 밝음, 새로움, 시작을 상징해. '동양' 또는 '동쪽 지방'을 뜻하는 오리엔트(orient)는 해가 뜨는 곳을 의미하고, 우리나라를 가리킬 때 옛날에는 동방, 동국, 해동처럼 동(東)이라는 글자로 나타내는 일이 많았지.

| 東 | 부수 木
총획 8획 | 一 ㄷ ㅌ 百 百 車 東 東 |

포근한 새의 둥지

서녘 서

서녘 서(西)는 새의 둥지를 본떠 만든 글자라고 해. 또는 대나무로 엮은 바구니에서 가져왔다고도 하지. 글자 모양을 보면 새의 둥지나 바구니를 어렵지 않게 떠올릴 수 있어. 西는 '서쪽'뿐만 아니라 '서양', '깃들이다' 등의 의미가 있어.

해가 서쪽으로 뉘엿뉘엿 기울면 사람들이 하던 일을 멈추고 집으로 돌아가듯 새들도 둥지로 날아가. 그러고는 둥지에서 날개를 접고 쉬면서 다음 날 해가 떠오를 때를 기다리지.

불교에서는 서쪽 하늘나라에 극락세계가 있다고 했어. 해가 하루 갈 길을 다 가면 서쪽으로 져서 어둠 속에서 쉬듯이 사람들도 죽으면 서쪽 극락에서 영원히 쉰다고 믿었던 것이지. 이렇듯 西에는 방위만이 아니라 우리 삶의 깊은 이치까지 들어 있단다.

西	부수 西(襾)	一 丆 冋 襾 西 西
	총획 6획	

집을 남쪽으로 지어서 환하고 따뜻하게
남녘 남

남쪽이라는 말을 들으면 무슨 생각이 떠오르니? 아마 따뜻한 곳, 해가 비쳐 환한 곳이라는 이미지가 아닐까? 그만큼 '남쪽' 또는 '남녘'은 밝고 따뜻한 느낌을 주지.

지금은 집 짓는 기술이 발달해서 남향집, 동향집이라는 게 큰 의미가 없지만, 옛날에는 방위를 꼼꼼히 따져서 집을 지었어. 특히 남향으로 지어야 집 안에 빛이 많이 들어와서 여름에는 시원하게, 겨울에는 따뜻하게 지낼 수 있었지.

남쪽을 향해 집을 짓고 처마를 내어 달면 여름에는 높이 뜬 해로 처마에 그림자가 드리워져서 집 안이 시원하고 겨울에는 해가 방 안 깊숙이 들어와서 따뜻했어.

또한 남쪽 사람들은 덥고 습한 날씨 탓에 집을 이층으로 지었어. 아래층에는 물건을 두거나 짐승을 기르고 위층에서 살았지. 그래서 남쪽 사람들이 집을 지은 풍습에서 남쪽이라는 글자가 나왔다고도 해. 또 남쪽 사람들이 쓰던 종 모양 악기에서 남쪽이라는 글자를 가져왔다고도 하지.

| 南 | 부수 十
총획 9획 | 一 十 十 冂 冋 冎 甪 甫 南 南 |

두 사람이 서로 등지다

북녘 북

동서남북 네 방위 중에서 마지막으로 북이야. 북녘 북(北)은 원래 두 사람이 서로 등지고 있는 모습에서 가져왔어. 그래서 '서로 어긋나다', '어기다'라는 뜻이 있어.

옛사람들은 집을 지을 때 남쪽을 향해 문을 내고 북쪽 산을 등지고 자리를 잡았어. 그래서 이 글자를 남쪽과 등지고 있는 쪽을 가리키는 글자, 곧 북쪽을 뜻하는 글자로도 쓰게 되었어. 북쪽은 어두운 곳, 추운 곳, 높은 곳이라는 느낌을 주지.

北은 '북' 또는 '배'로 읽어. 그럼 '敗北'는 어떻게 읽을까? '패북'이 아니라 '패배'라고 읽어야 해. 겨루어서 졌다는 뜻이야. 싸움에서 진 사람은 등을 보이고 도망을 가겠지?

北	부수 匕	丨 丬 ㅓ 才 北
	총획 5획	

모아 읽고 익히기

지금까지 배운 한자를 정리해 봐요.
( ) 안에 한자의 뜻과 소리를 써넣으세요.
그리고 이 한자가 들어간 단어들을 반복하여 읽으면서
완벽하게 익혀 보세요.

해가 뜨는 곳 ( )	**東**	東방, 東이, 東海, 극東, 東문西답, 東분西주, 東가식西가숙
포근한 새의 둥지 ( )	**西**	西구, 西기, 西海, 大西洋, 성東격西, 魚東肉西
집을 남쪽으로 지어서 환하고 따뜻하게 ( )	**南**	南北, 南山, 江南, 영南, 南大문, 南男北女
두 사람이 서로 등지다 ( )	**北**	北경, 北한, 패北, 北극星, 北北西, 北한山, 北風한雪

69

높거나 낮거나, 앞서거나 뒤처지거나

'높다'와 '낮다', '앞'과 '뒤'처럼 서로 상대되는 개념이면서 짝을 이루는 글자들을 공부해 보자.

우리는 높은 곳에 올라가서 멀리까지 바라보기를 좋아해. '높을 고(高)'는 그런 높은 곳에 세워진 누각의 모습에서 가져온 글자야. 그 반대는 낮을 저(低)이지. 또한 우리는 나누기를 좋아해. 그러나 누구도 위에 있거나 아래에 있지 않아. 늘 앞서거나 뒤처지기만 하는 것도 아니지.

높게 지은 누각
높을  高

높을 고(高)는 땅을 다져 평평하게 만든 터 위에 높게 세운 누각의 모습에서 가져온 글자야. 갑골문을 보면 위로는 지붕과 전망대, 아래로는 출구(口)가 그려져 있어. 이렇게 높은 건물을 그린 것이기에 '높다'라는 뜻을 갖게 되었어. 여기에서 '(지위가) 높다', '고상하다', '비싸다' 등의 뜻도 나왔지.

사람들은 산꼭대기나 전망대같이 높은 곳에 올라가서 멀리까지 바라보기를 좋아해. 또 높은 집에 살면 남보다 더 돋보인다고 생각해서 집을 높게 지으려 하고, 높은 자리에 오르면 존경을 받는다고 여겨서 더 높이 올라가려고 하지.

바벨탑에 대해 들어 본 적 있니? 『구약성서』에 나오는 고대 바빌로니아 사람들이 쌓았다고 전해지는 전설상의 탑이야. 오만한 인간들은 탑을 높게 쌓아서 하늘에 이르려고 했어. 이에 분노한 하느님은 인간들이 서로 다른 말을 쓰게 해서 탑 쌓기를 포기하게 만들었지. 이처럼 바벨탑은 실현 가능성이 없는 계획을 비유적으로 이르는 말이야.

高	부수 高	丶 亠 亠 宁 宁 宁 高 高 高 高
	총획 10획	

40 低

'높다'의 반대말

낮을 저

'높다'라는 뜻을 가진 한자(高)는 높게 세운 누각의 모습에서 가져 왔어. 그럼 '낮다'를 뜻하는 한자는 어디에서 가져왔을까? 글자의 자획을 나누어 보면 어림짐작할 수 있어. 이렇게 글자를 구성하는 점과 획, 즉 자획을 나누어 살펴보는 것을 파자(破字)라고 해. 그럼 '낮다', '싸다', '숙이다' 등을 뜻하는 낮을 저(低)를 파자해 볼까?

低는 사람 인(人)과 밑 저(氐)로 나누어 볼 수 있어. 氐는 땅 밑으로 뻗은 나무뿌리를 나타낸 것으로 '낮다'라는 뜻을 갖고 있어. 여기에 사람을 뜻하는 人이 결합하여 '사람의 신분이 낮다'라는 뜻이 되었지. 低는 높을 고(高)와 대비되는 개념으로, 고저(高低)처럼 어울려서 쓰이기도 해.

높은 것이든 낮은 것이든 기준이 있어야 높다거나 낮다고 할 수 있어. 사람은 누구나 자기 나름의 기준이 있고, 또 한 사회 여러 사람이 인정하는 기준도 있지. 이 같은 기준이야 어떻든 누구나 높이 올라가려고 할 때 때로는 낮은 곳으로 향하고, 높은 곳을 바라볼 때 때로는 낮은 곳을 볼 줄 아는 지혜를 가졌으면 좋겠구나.

低	부수 人 총획 7획	ノ 亻 亻 仁 仟 低 低

배가 앞으로 나아가니
앞 전

원래 앞 전(前)은 배 위에 발을 딛고 서 있고 배가 앞으로 나아가는 모습을 나타냈다고 해. 여기에 나중에 칼 도(刀=刂)가 더해져서 '앞'을 뜻하게 되었지. 前은 '앞으로 나아가다'라는 의미에서 '먼저', '앞서다', '미래' 등을 뜻하기도 해.

배가 나아가는 방향이 곧 앞이야. 항해를 시작한 배는 후진도 어렵고, 방향을 바꾸기도 쉽지 않아. 이렇듯 모든 사물이나 현상은 앞으로 나아가려는 성질을 가지고 있어. 우리 인간도 마찬가지야. 공부도 운동도 다른 사람보다 앞서고 싶어 해. 그래야 자기 생각대로 이끌 수 있고, 더 돋보인다고 생각하니까.

하지만 누구나 다 앞이 될 수는 없어. 일등 또는 꼴등만 존재하는 사회는 없잖아. 어떤 위치에 있든 자기 자리에서 최선을 다하는 것이 한 사회나 동아리가 발전하는 밑거름이 된단다.

前	부수 刂(刀)	、　丷　ヽ゛　产　片　片　前　前
	총획 9획	

빨리 걷지 못해 뒤처지니

뒤 후

뒤 후(後)는 발에 족쇄가 채워져 빨리 걷지 못하는 모습을 나타낸 글자야. 갑골문에는 족쇄에 묶인 발과 조금 걸을 척(彳)이 그려져 있어. 발에 족쇄가 채워져 있으니 빨리 걷지 못하고, 그러니 뒤처질 수밖에 없겠지.

또는 새끼줄을 길게 꼰 모습으로 보기도 해. 새끼줄이 길게 이어지듯 후손이 뒤 세대까지 오래도록 번성하기를 바라는 마음을 글자로 나타냈던 것이지.

앞이 언제나 나은 것이 아니듯 뒤라고 해서 늘 나쁘거나 보잘것없지는 않아. 기회가 되면 앞서 나갈 수도 있어. 그러니 어디에 있든 자신에게 주어진 일에 최선을 다하는 것은 물론 다른 사람도 돌아보도록 하자.

後	부수 彳	′ ′ 彳 彳 쒸 쒸 徉 後 後
	총획 9획	

모아 읽고 익히기

지금까지 배운 한자를 정리해 봐요.
( ) 안에 한자의 뜻과 소리를 써넣으세요.
그리고 이 한자가 들어간 단어들을 반복하여 읽으면서
완벽하게 익혀 보세요.

뜻풀이	한자	단어
높게 지은 누각 ( )	高	高도, 숭高, 최高, 高구려, 高등학교, 天高馬비, 後生角高
'높다'의 반대말 ( )	低	低렴, 低음, 低下, 최低, 低氣압, 高低長단, 低首下心
배가 앞으로 나아가니 ( )	前	前진, 사前, 前치사, 문前성시, 前대미문, 前人미답, 前後左右
빨리 걷지 못해 뒤처지니 ( )	後	後孫, 後퇴, 이後, 前後, 최後, 後유증, 사後약방문

75

푸르고 누렇고 붉은 색깔들

어떤 색깔을 가장 좋아해? 이번 시간에는 우리가 자주 쓰는 색깔과 관련된 한자를 공부해 보자. 맑고 푸른 색깔의 '푸를 청(靑)', 땅의 색인 '누를 황(黃)', 그리고 많은 붉은색 계열의 글자를 거느린 '붉을 적(赤)'이야. 그럼 알록달록 다채로운 색깔 속으로 들어가 볼까?

기분은 얼굴에 드러나기 마련이야

 색

빛 색(色)은 꿇어앉은 사람 위에 또 사람이 앉아 있는 모습을 나타낸 글자야. 꿇어앉아 있기도 힘든데 자기 위에 사람이 있으니 얼마나 힘들겠어! 그러니 얼굴빛(色)이 변할 수밖에 없겠지?

사람의 감정은 얼굴을 통해 겉으로 드러나기 마련이야. 그래서 얼굴을 보고 그 사람이 지금 어떤 상태인지를 알 수 있어. 예를 들어 얼굴이 울그락불그락하면 화가 났다는 뜻이고, 눈꼬리와 입 주위가 한껏 올라가 있으면 기분이 좋다는 의미이지.

친구의 기분도 얼굴을 보고 알아차릴 수 있어. 그러니 스마트폰의 이모티콘 몇 개로 감정을 주고받기보다는 만나서 이야기를 나눠 보자. 그럼 서로를 더 잘 이해하게 될 거야.

色	부수 色	ノ ク ク ク 在 色
	총획 6획	

푸른색과 파란색은 같은 색일까?

푸를 청 青

푸를 청(靑)은 날 생(生)과 우물 정(井)이 합쳐진 글자야. 우물 주변에 푸릇푸릇한 새싹이 자라는 모습을 글자로 나타낸 것이지. 물이 있어야 생명은 푸릇푸릇하게 자랄 수가 있어. 그래서 우물과 풀이 자라는 모습을 함께 그려서 '푸르다'라는 뜻을 나타냈어.

여기서 한 가지 궁금한 게 있어. 푸른색은 파란색을 의미할까 하는 거야. 사전에는 두 색깔 모두 '맑은 가을 하늘이나 깊은 바다, 풀의 빛깔과 같이 밝고 선명한 색'이라고 풀이하고 있어. 비슷한 색이라는 뜻이지. 그러나 어원을 찾아보면 '푸르다'는 풀의 빛깔인 초록색을, '파랗다'는 청색을 나타낸다고 해.

신호등의 색깔은 빨간색, 노란색, 초록색이야. 그런데 이 초록색 불을 '파란불'이라고도 해. 왜 그럴까? '푸른색'을 초록색이 아니라 파란색으로 보기 때문이야. 그렇다면 이제부터는 '파란불'이 아니라 '푸른불'이라고 해야 할까?

'靑'에는 '푸르다' 외에 '젊다', '봄', '동쪽' 등의 뜻이 있어. 모두 밝고 푸른 이미지라고 할 수 있지.

| 青 | 부수 青
총획 8획 | 一 = ‡ 圭 圭 青 青 青 |

사람을 먹여 살리는 땅의 색깔
누를 황

누런색이 어떤 색깔인지 알고 있니? 사전에는 '벼의 빛깔과 같이 다소 어둡고 탁한 색'이라고 나와 있어. 그럼 벼의 빛깔을 알아야 하는데, 본 적 있니? 늦가을 들녘에 가면 황금색으로 빛나는 벼 이삭을 볼 수 있어. 누런색은 그 황금색을 일컫는 말이야. 또는 땅의 색깔인 황토색을 가리키기도 해. 그리고 누런색 또는 황색은 다섯 방위 중에서 중앙을 상징하는 색이지.

누를 황(黃)은 옥(玉)을 실로 꿰어 차고 있는 모습에서 가져왔다고 해. 그럼 왜 옥 매듭 장식이 黃이 된 것일까? 고대 중국에서 옥은 귀한 보석이었는데 그중에서 최고의 옥은 노란색이었어. 이후 노란색은 황제의 색이 되면서 백성들은 같은 색 옷을 입을 수가 없었지.

그뿐만이 아니야. 중국 신화 속의 다섯 임금인 오제(五帝)의 첫 번째 왕은 황제(黃帝), 즉 노란색의 제왕이었어. 아주 오래전 고대의 중국은 황하를 중심으로 문명을 발전시켰다고 해. 땅은 사람이 먹고 살 수 있는 먹을거리를 내니 옛날 중국에서 땅의 색깔인 누런색 또는 노란색을 얼마나 중요하게 생각했는지 알 수 있겠지?

黃	부수 黃 총획 12획	一 十 艹 廾 뿌 芹 苦 菁 黃 黃 黃 黃

불도, 사람의 얼굴도 붉으니

붉을 적

노란색을 일컫는 한자는 누를 황(黃) 외에 그리 많지 않은 데 비해 붉은색을 뜻하는 한자는 많아. 지금 배울 붉을 적(赤)을 비롯하여 자(紫), 주(朱), 홍(紅), 혁(爀) 등이 모두 붉은색을 나타내지. 이 글자들은 붉은색을 바탕색으로 하여 푸른색이나 노란색이 섞인 붉은색 계열의 여러 색깔을 말해.

赤은 불과 사람이 있는 모습을 나타냈다고 해. 불 위에 사람이 있으니 사람을 불에 태우는 모습이었을까? 또는 사람이 불을 쬐고 있는 모습이었을까? 불은 붉은색이고, 그 불 곁에 있는 사람의 얼굴도 붉게 달아오르니 온통 붉겠지. 赤은 '붉다' 외에 '멸하다', '몰살시키다'라는 의미도 있어.

| 赤 | 부수 赤
총획 7획 | 一 十 土 𠂇 赤 赤 赤 |

모아 읽고 익히기
★★★

지금까지 배운 한자를 정리해 봐요.
( ) 안에 한자의 뜻과 소리를 써넣으세요.
그리고 이 한자가 들어간 단어들을 반복하여 읽으면서
완벽하게 익혀 보세요.

기분은 얼굴에 드러나기 마련이야 ( )	色	色상, 氣色, 염色, 채色, 교언영色, 草록동色, 형형色色
푸른색과 파란색은 같은 색일까? ( )	青	青年, 단青, 青사진, 青一점, 青山유水, 青天벽력, 青출어람
사람을 먹여 살리는 땅의 색깔 ( )	黃	黃金, 黃사, 강黃, 유黃, 주黃色, 天地현黃, 黃口첨정
불도, 사람의 얼굴도 붉으니 ( )	赤	赤도, 赤의, 赤자, 赤조, 赤벽가, 赤血구, 근주者赤

'수'와 '숫자'를 구분해 보자

이번 시간에는 백, 천, 만 등의 숫자에 대해 배울 거야. 숫자가 커지면서 나무 막대를 하나씩 더하는 방법으로는 나타낼 수가 없었어. 그래서 원래 있는 글자들을 합쳐서 새로운 글자를 만들었지. 흰 백(白)에 한 일(一)을 더하여 '일백 백(百)'을, 사람 인(人)에 금을 그어 '일천 천(千)'을, 전갈을 본 떠 '일만 만(萬)'을 만드는 식으로 말이야. 원리를 이해하면 한자 공부는 정말 쉽단다.

10의 열 배, 기준이 되는 숫자

일백 백

일백 백(百)은 흰 백(白)에 한 일(一)을 더하여 만들었어. 아침에 해가 떠오르기 전 환한 빛이 먼저 밝아 오는 모습을 뜻하는 白 위에 가로로 금을 하나 그은 것이지.

100은 10의 열 배야. 10은 우리가 손가락을 꼽아 가며 하나씩 셀 때 자연스레 한 단위가 끝나는 수이지. 십진법을 기준으로 한다면 10에서 한 단위가 끝나. 이 10이 열 개 모이면 100이라는 단위가 돼. 아라비아 숫자로는 한눈에 또렷이 단위가 달라지는 것을 알 수 있지만, 한자나 우리말로는 알아보기가 쉽지 않아.

10이나 100은 자릿수를 정한다는 점에서 기준이 되는 숫자야. 또한 오래 사는 것의 상징이기도 했어. 옛날에는 사람이 아무리 오래 살아도 100년 넘게 살기가 어려워서 100은 사람이 살 수 있는 최대한의 햇수로 여기기도 했지.

100의 순우리말은 '온'이라고 하는데, 어떤 말 앞에 붙어서 그 말이 담은 내용의 온통, 온갖, 전부, 전체를 뜻하는 말로도 쓰여. 온 세상, 온 누리, 온 국민처럼 말이야.

百	부수 白	一 ァ 丆 百 百 百
	총획 6획	

'人'에 금을 하나 그으면
일천 천

1000은 10의 100배, 100의 10배야. 이 정도의 계산쯤은 할 수 있다고? 미안 미안, 기초를 잘 다지자는 의미에서 다시 한번 강조한 거란다.

일천 천(千)은 원래 사람 인(人)에 가로로 금을 하나 그어서 나타냈다고 해. 옛날에는 이렇게 '천' 단위의 숫자를 표시했어. 그럼 '이천'은 어떻게 나타냈을까? 금을 두 개 그었지. '삼천'은 금을 세 개 긋고. 이렇게 '오천'까지 표시했어. 나중에는 표기 방식이 바뀌면서 千을 제외하고는 이렇게 쓰이지 않아.

천은 순우리말로 '즈믄'이라고 해. 고려 가요 일부가 지금도 남아 있는데 그 노랫말에 '즈믄 해'라는 말이 나와. '즈믄 해'는 천 년을 의미한단다.

千	부수 十
	총획 3획

｀ 二 千

아주 큰 숫자
일만 만

일만 만(萬)을 보면 무슨 생각이 드니? 풀을 뜻하는 글자(++)가 위에 있으니 혹시 풀과 관련이 있지 않을까 생각해? 시도는 좋지만 풀과는 아무 관련이 없단다.

원래 萬은 전갈을 본떠 만든 글자였어. 윗부분은 전갈의 두 앞발, 중간은 머리, 아래는 뒷발과 꼬리를 나타냈대. 무시무시한 앞발을 가진 전갈이 무리 지어 있으니 '많다'는 뜻이 나왔고, 많은 숫자의 상징인 일만 만을 뜻하게 되었다고 해. 옛날에 이 글자를 만든 사람들이 살던 곳에는 전갈이 많았나 봐.

옛사람들에게 10000은 아주 큰 숫자였어. 서양에서는 1000을 기준으로 숫자 단위를 나누었고, 우리나라에서는 10000을 단위로 나누었어. 그리고 서양에서는 1000 이상의 큰 숫자는 1000을 기준으로 점을 찍어서 10,000/100,000 이런 식으로 표기했는데 우리나라에서도 서양식으로 1000 단위로 끊어서 점을 찍었어. 원래대로라면 10000을 기준으로 점을 찍어야 할 텐데 말이야. 더 깊이 들어갈수록 숫자의 세계는 흥미진진한 것 같구나.

萬	부수 ++(艸)	一 十 艹 艹 艻 苎 苗 萬 萬
	총획 12획	萬 萬 萬

'수'와 '숫자'

셀

셀 수(數)는 포갤 루(婁)와 칠 복(攵)이 합쳐진 글자야. 여자가 머리에 짐을 이고 또 포개어 인 모습의 婁에, 막대기를 들고 일을 하는 모습의 攵이 더해져서 물건을 '세다', '계산하다', '헤아리다' 등의 뜻을 나타내게 되었어.

수와 숫자의 차이에 대해 알고 있니? 수학 시간에 배운 적이 있을 거야. '숫자'는 0부터 9까지, 수를 나타내는 데 사용하는 기호를 말하고, '수'는 이 10개의 숫자를 사용하여 나타낸 수 또는 크기나 양, 순서 등이라고 말이지.

예를 들어 보자. 130은 1, 3, 0이라는 숫자 세 개로 이루어진 수라고 할 수 있어. 그중에서 '1'은 백의 자리 숫자이고, '3'은 십의 자리 숫자이며, '0'은 일의 자리 숫자이지. 그럼 '우리 모둠에 사람 숫자가 부족하다'라고 할 때 이 말은 맞을까, 틀릴까? 이때는 '숫자'가 아니라 '수'라고 해야 해. '우리 모둠에 사람 수가 부족하다'라고 말이야. 수와 숫자라는 개념은 비슷해서 혼동하기 쉬우니 잘 익혀 두도록 하자.

| 數 | 부수 攵(攴) | ヽ 口 吕 甲 串 串 串 婁 婁 婁 婁 數 數 數 |
| | 총획 15획 | |

모아 읽고 익히기
★★★

지금까지 배운 한자를 정리해 봐요.
( ) 안에 한자의 뜻과 소리를 써넣으세요.
그리고 이 한자가 들어간 단어들을 반복하여 읽으면서
완벽하게 익혀 보세요.

10의 열 배, 기준이 되는 숫자 ( )	百	百성, 百화점, 一당百, 百가쟁명, 百과사전, 百年지계, 百발百中
'人'에 금을 하나 그으면 ( )	千	千年, 千리, 三千리, 千리안, 千자문, 一日千리, 千재一우
아주 큰 숫자 ( )	萬	萬고, 萬능, 萬물, 萬세, 萬화경, 萬有인력, 세上萬사
'수'와 '숫자' ( )	數	數자, 數학, 분數, 지數, 天數, 無리數, 手數료

이것은 작을까, 적을까?

'작다'와 '적다'를 구분해서 쓸 수 있니? 그럼 다음 중 어느 것이 맞는지 알아맞혀 봐.

음식 양이 작다. vs. 음식 양이 적다.
친구의 키가 작다. vs. 친구의 키가 적다.

이 정도는 식은 죽 먹기라고? 좀 헷갈린다면 눈 크게 뜨고 보도록 해. 사실 두 단어를 구분하는 것은 아주 쉬워.

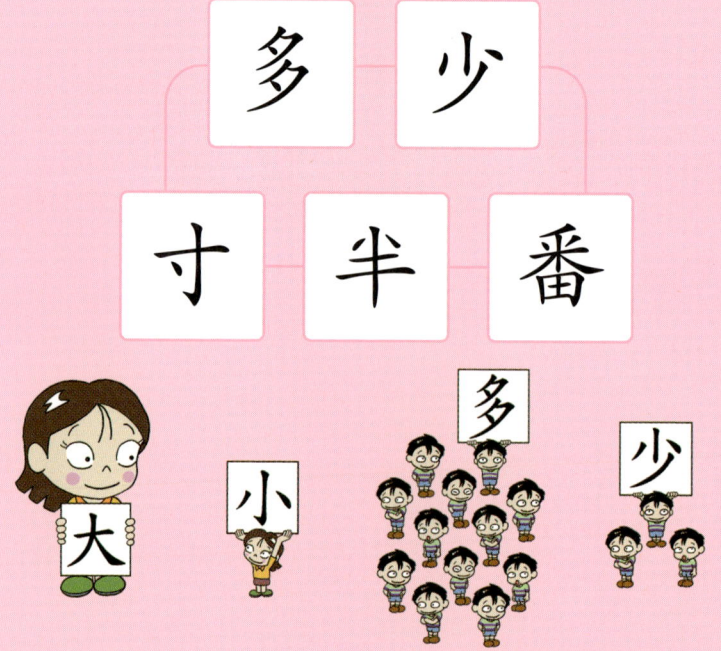

많으면 많을수록 좋다
많을 다 多

많을 다(多)는 저녁 석(夕) 두 개를 겹쳐 놓은 모양이야. 부수도 夕이지. 그러나 저녁과는 아무 관련이 없어. 夕은 고기 육(肉)의 변형이니까. 나무 목(木)이 두 개 겹치면 나무가 많은 수풀 림(林)이 되는 것처럼 夕이 두 개 겹치면 많다는 뜻이 되지. 多는 '많다' 외에 '낫다', '늘어나다', '겹치다' 등의 뜻이 있어.

우리는 대체로 적은 것보다는 많은 것을 좋아해. 그래서 많이 가지려 하고, 많이 먹으려 하고, 많이 누리려 하지. 그러나 많다고 해서 다 좋은 것은 아니야. 물론 적다고 해서 다 나쁜 것도 아니지. 자기 분수에 맞게 가지고 만족하는 법을 알아야 해.

많으면 많을수록 좋은 것도 있어. 이것을 한자로는 다다익선(多多益善)이라고 해. 부모님에 대한 사랑, 친구와의 우정, 선생님에 대한 존경, 그리고 약자에 대한 연민과 관심은 많으면 많을수록 좋겠지? 그 밖에 많으면 많을수록 좋은 것에는 어떤 것이 있는지, 적으면 적을수록 좋은 것에는 어떤 것이 있는지 친구들과 이야기를 나누어 보도록 하자.

多	부수 夕 총획 6획	ノ ク 夕 多 多 多

'小'에 삐침을 더하니

적을

적을 소(少)는 앞에서 살펴본 많을 다(多)의 반대말로 작을 소(小)에 삐침(丿)을 더하여서 만든 글자야. 옛날에는 小는 점 세 개로 그리고 여기에 점 하나를 더해서 少로 표기하기도 했어. 둘 다 '작다'는 뜻으로 쓰였지. 그러나 지금은 小는 작다, 少는 적다는 뜻으로 구분하여 쓴단다.

'작다'와 '적다'는 혼동하기 쉬운 말이야. 한자도 비슷해서 더 헷갈리기 쉽지. 그러니 이번 시간에 잘 익혀 두도록 해. 키나 공간의 넓이, 부피 등을 말할 때는 '작다'라고 하고, 반대말은 '크다'야. 반면에 물건의 수량이나 분량 등을 말할 때는 '적다'라고 하고, 반대말은 '많다'라고 해. 반대말을 생각하면 구분하기가 쉬워.

'마디'나 '촌수'를 나타내는 단위
마디

마디 촌(寸)은 손을 본떠서 만든 또 우(又)에 점을 하나 찍은 글자야. 손목에서 맥박이 뛰는 데까지의 거리를 일컫지. 그 거리가 손가락 한 마디 정도 된다고 해서 '마디'를 뜻하게 되었어. 우리가 지금 사용하는 자로는 3.03센티미터 정도 된대. 자가 없던 옛날에는 이렇게 손이나 발 등 우리 몸의 부위를 이용해서 길이를 재곤 했어.

가족 간의 멀고 가까움을 나타낼 때도 사용했어. 이것을 촌수(寸數)라고 해. 좀 더 구체적으로 살펴볼까. 부모와 자식인 나는 1촌이야. 아주 가까운 관계이지. 나와 형제는 2촌, 아버지의 형제와 나는 3촌, 3촌의 아들과 나는 4촌이야. 이렇게 위에서 옆으로, 아래에서 옆으로 가족 관계의 촌수가 뻗어 나가지.

그 밖에 말이나 글, 노래의 한 토막, 대나무 줄기에서 가지나 잎이 나는 부분을 마디라고 해. 이때에는 寸이 아니라 마디 절(節)이라는 글자를 쓰지. 寸이 들어간 단어가 또 하나 있어. 바로 촌지(寸志)야. 원래는 작은 정성을 바친다는 뜻이었는데, 어느새 잘 보아 달라는 뜻으로 건네는 약간의 돈이라는 부정적인 의미로 쓰이고 있어.

| 寸 | 부수 寸
총획 3획 | 一 寸 寸 |

54 半

정확히 반으로 나누다
반

반 반(半)은 소 우(牛)에 여덟 팔(八)이 더해진 글자로 '반'이나 '절반' 등을 뜻해. 이 글자는 원래 '소를 반으로 나누다'에서 유래했다고 해. 소는 사람이 기르는 가축 가운데 가장 크고 쓸모가 많아. 그래서 소를 반으로 나누듯 물건을 정확히 반으로 나누는 일, 또는 그렇게 나눈 반쪽을 말하지.

또한 半은 어떤 물건, 거리, 시간, 분량 등을 둘로 똑같이 나눈 한쪽을 말해. 꼭 둘로 나눌 수 없는 것들이라도 둘이 짝을 이루어야만 어울리면 그 한쪽을 반이라고 하지. 인류의 반은 남자이고 반은 여자인 것처럼 말이야.

십 리를 가야 하는데 오 리를 갔다면 반을 간 거야. 무슨 일이든 반쯤 하다가 말면 하지 않는 것만 못해. 그러니 무슨 일을 하기로 마음먹었다면 끝을 봐야 해.

옛말에 가르치는 일은 배우는 것이 반을 차지한다고 했어. 실제로 10분을 가르치려면 더 많은 시간 동안 준비를 해야 해. 따라서 사실은 가르치는 동안에 스스로 배우는 것이라고 할 수 있지.

半	부수 十 총획 5획	′ ＂ ⌒ 与 半

발자국이 밭에 번갈아 찍혀 있으니
갈마들/차례 번

갈마들 번(番)은 밭 전(田)과 분별할 변(釆)이 합쳐진 글자야. 釆은 동물의 발자국을 본뜬 글자로, 동물의 발자국을 보고 어떤 동물인지를 분별한다는 의미이지. 여기에 밭을 뜻하는 글자(田)가 더해져서 '동물의 발자국이 밭에 찍혀 있다'는 의미의 글자가 되었어. 동물의 발자국이 번갈아 찍혀 있으니 '차례'나 '횟수' 등의 뜻이 생겨났지.

'갈마들다'가 무슨 뜻인지 아니? 차례를 두고 서로 왔다 갔다 하는 것을 말해. 예를 들어 해와 달이 낮과 밤을 갈마든다고 하면, 해와 달이 낮과 밤을 차례로 번갈아서 왔다 갔다 한다는 뜻이야. '차례 번'이라고도 해.

番	부수 田	一 丷 ハ ㅛ 쫘 쬬 采 采 番
	총획 12획	番 番 番

모아 읽고 익히기

지금까지 배운 한자를 정리해 봐요.
( ) 안에 한자의 뜻과 소리를 써넣으세요.
그리고 이 한자가 들어간 단어들을 반복하여 읽으면서
완벽하게 익혀 보세요.

많으면 많을수록 좋다 ( )	**多**	多량, 多數, 多양, 多행, 多角형, 多多익선, 多재多능
'小'에 삐침을 더하니 ( )	**少**	少량, 少數, 감少, 年少, 최少, 희少, 一소一少
'마디'나 '촌수'를 나타내는 단위 ( )	**寸**	寸數, 寸지, 寸평, 四寸, 外三寸, 一寸光음, 寸철살人
정확히 반으로 나누다 ( )	**半**	半경, 半半, 半百, 後半, 한半도, 半신半의, 半신半人
발자국이 밭에 번갈아 찍혀 있으니 ( )	**番**	番호, 당番, 순番, 학番, 番地數, 不침番, 우편番호

형태와 면, 직선과 곡선

이번 시간에는 형태와 면, 직선과 곡선 등에 관한 한자를 공부해 보자. 기찻길은 두 개의 선로가 일정한 간격으로 길게 이어져 있어. 이렇게 평행선이어야 기차가 제 궤도를 이탈하지 않고 달릴 수 있거든. 하지만 사람 사이는 평행선으로 이루어지지는 않아. 적당한 간격을 두되 때로는 구부러지기도 하고 엇갈리기도 하면서 나아가야 하지.

비슷한 모양의 방패 두 개
모양/그려 낼 형

모양/그려 낼 형(形)은 평평할 견(幵)에 터럭 삼(彡)이 더해진 글자야. 幵은 방패 두 개가 겹친 모양으로 '평평하다'라는 뜻이 있고, 彡은 길게 자란 머리카락의 상형으로 글자의 오른쪽에 위치하여 '무늬', '꾸미다' 등의 뜻이 있어. 따라서 形은 방패 두 개가 비슷한 모양을 하고 있다는 뜻으로 해석할 수 있어. '형태'나 '모양', '꼴', '얼굴', '그릇' 등 사물의 생긴 모양을 두루 일컬어.

우리는 바깥에서 들어오는 정보를 눈을 통해 받아들여. 그래서 옛날 서양에서는 무언가를 아는 것을 보는 것과 같은 뜻으로 생각했어. 눈으로 보면 그 모습이 확실하게 기억에 남아. 그리고 자신이 본 것, 생각한 것을 표현하고 싶어 하지.

그런데 옛날에는 자신이 본 것이나 생각한 것을 남기고 싶어도 글자가 없었어. 그래서 자신이 살던 동굴 벽 등에 그림으로 남겼어. 프랑스의 라스코 동굴 벽화나 에스파냐의 알타미라 동굴 벽화에서 선사 시대 사람들이 그려 놓은 사람이나 동물의 모습에서 그런 흔적을 발견할 수 있지.

形	부수 彡	一 二 于 开 开´ 形 形
	총획 7획	

사람의 얼굴과 눈을 강조한

 면

낯 면(面)은 사람의 얼굴에서 가져온 글자야. 갑골문에는 길쭉한 얼굴 모양에 눈이 하나 그려져 있는데, 이것은 사람의 얼굴을 표현한 것이라고 해. 面은 얼굴만이 아니라 표정, 얼굴빛, 겉모습 등 얼굴과 관련된 것들을 두루 지칭해. 평평한 표면을 의미하는 '평면'도 이 글자를 쓰지.

이집트 하면 무엇이 생각나? 아마 피라미드와 스핑크스가 떠오를 거야. 피라미드는 돌이나 벽돌을 쌓아 만든 사각뿔 모양의 거대한 건조물로서 왕이나 왕족의 무덤을 말하고, 그 앞에 세워진 거대한 석상이 스핑크스이지.

피라미드 벽면에는 많은 그림이 그려져 있어. 그중에서 사람을 그린 것을 보면 대체로 얼굴이 옆을 향한 모습이야. 반면에 눈은 정면을 바라보고 있지. 이것은 사람의 얼굴 특징을 잘 드러내기 위해서라고 해. 사람이 얼굴을 어느 쪽으로 향하면 눈이 그리로 옮겨 가서 사물을 보고 알아차릴 수 있어. 그래서 面은 사람의 낯을 가리키지만, 얼굴이 향한다는 뜻도 담고 있어.

面	부수 面	一 丆 丆 丙 而 而 面 面
	총획 9획	

눈을 뜨고 똑바로 보다
곧을 **직**

세상에는 곧은 것도 있고, 굽은 것도 있어. 바른 것도 있고, 왼 것도 있지. 곧을 직(直)은 곧거나 바른 것을 아우르는 글자야. 바로 뒤에서 배울 '굽다', '외다'라는 뜻을 가진 굽을 곡(曲)과는 반대되는 한자이지. 부수는 눈 목(目)이고, 目과 열 십(十), 숨을 은(乚)이 결합한 모습이야.

이 글자가 만들어진 유래를 살펴보면 그 뜻을 더 명확히 알 수 있어. 오래된 글자인 갑골문을 보면 눈 목(目) 위에 직선이 똑바로 그어져 있어. 마치 한쪽 눈을 감거나 치우치지 말고 똑바로 보라고 하는 것처럼 말이야. 나중에 눈을 감싼 형태의 획이 하나 더해져서 '곧다'는 뜻을 더욱 강조했어.

直은 '곧다'나 '바르다' 외에 '굽지 아니하다', '부정이 없다' 등의 뜻으로도 쓰여. 직선(直線)은 꺾이거나 굽은 데가 없는 곧은 선이고, 직진(直進)은 곧게 나아가는 것이며, 정직(正直)은 마음이 바르고 곧은 것이지. 우리는 다른 사람이 아니라 자기 자신을 위해서 곧고 바른 마음을 가지고 살려고 노력해야 한단다.

直	부수 目	一 十 十 十 古 古 直 直
	총획 8획	

구부러진 바구니 모양을 본뜬
굽을

원래 글자는 나무나 대나무를 구부려 만든 바구니 모양에서 가져왔다고 해. 또는 구부러진 자를 본떴다고도 하지. 바구니든 자든 구부러진 형태에서 '굽다', '외다'라는 뜻이 나왔어.

자연의 사물은 일직선인 게 거의 없어. 산도 구불구불하고 물도 휘돌아 흘러. 길도 요즘은 고속도로 덕분에 직선에 가깝지만 옛날 길은 굽이굽이 돌아가야 했어.

굽을 곡(曲)은 음악에서도 쓰여. 우리는 평소에 말을 할 때는 말의 높낮이나 길이의 변화가 그리 많지 않아. 그러나 노래를 부르거나 흥얼거릴 때는 변화가 많고 다채롭지. 곡선(曲線)이나 곡면(曲面) 같은 형태상의 구부러짐, 사실과 다르게 해석하는 왜곡(歪曲) 등으로도 쓰여. 부수는 가로 왈(曰)인데, 날 일(日)과 비슷하지만 가로로 더 넓다는 것을 기억해 두렴.

저울이 수평을 이루니
평평할 평

이 글자를 보면 저울이 떠오르지 않니? 좌우 어느 쪽으로도 치우치지 않고 평평한 저울 말이야. 맞아, 평평할 평(平)은 물건의 무게를 재는 저울의 모양에서 가져왔다고 해. 저울이 수평을 이룬 것에서 '평평하다', '고르다', '정리되다' 등의 뜻이 나왔어.

바람 한 점 없는 날, 큰 호수나 강을 멀리서 보면 출렁임도 없이 잔잔하게 펼쳐져 있는 것 같아. 그리고 호수나 강의 끝이 하늘에 맞닿아 있는 듯 보이지. 이렇게 물과 하늘이 맞닿아 경계를 이루는 선을 수평선(水平線)이라고 해. 그리고 너른 들판이 평평하게 끝없이 펼쳐져서 하늘과 맞닿은 선을 지평선(地平線)이라고 하지. 우리나라에도 지평선을 볼 수 있는 곳이 있단다.

기찻길은 두 개의 선로가 끝없이 이어져 있어. 이렇게 두 선로가 만나지 않고 길게 이어진 것을 평행선(平行線)이라고 해. 기차는 평행선이어야 제 궤도를 이탈하지 않고 달릴 수 있어. 그럼 사람 사이는 어떨까? 늘 평행선을 유지하는 게 좋을까? 아니지. 때로는 가깝게, 또 때로는 사이를 두면서 지내야 더 친해지지 않을까?

平	부수 干	一 ㄱ 厂 㠪 平
	총획 5획	

모아 읽고 익히기

지금까지 배운 한자를 정리해 봐요.
( ) 안에 한자의 뜻과 소리를 써넣으세요.
그리고 이 한자가 들어간 단어들을 반복하여 읽으면서
완벽하게 익혀 보세요.

비슷한 모양의 방패 두 개 ( )	形	形상, 形태, 形편, 도形, 形용사, 有形無形, 形이上학
사람의 얼굴과 눈을 강조한 ( )	面	面접, 안面, 정面, 표面, 반面교사, 白面서生, 四面초가
눈을 뜨고 똑바로 보다 ( )	直	直립, 直선, 솔直, 수直, 정直, 不문曲直, 이실直고
구부러진 바구니 모양을 본뜬 ( )	曲	曲선, 曲절, 가曲, 서曲, 왜曲, 曲학아세, 방방曲曲
저울이 수평을 이루니 ( )	平	平등, 平범, 平행, 平화, 탕平책, 공平無사, 太平성대

수업 끝, 방학 시작!

이번 시간에는 '모 방(方)'이 홀로 또는 부수로 쓰이는 글자들을 살펴볼 거야. 논밭을 가는 농기구인 쟁기를 본뜬 方은 '방향'이나 '방위', '네모' 등을 뜻해. 方에 칠 복(攵)이 더해지면 '놓을 방(放)'이 되고, 그 기(其)가 결합하면 '깃발 기(旗)'가 돼. 소리로서, 부수로서 다양한 역할을 하는 재주 많은 글자 方을 만나러 가 보자.

논밭을 가는 쟁기를 본뜬

모

'모'는 공간의 구석이나 모퉁이, 선과 선의 끝이 만난 곳, 면과 면이 만난 부분, 사람이나 사물의 면면이나 측면, 몸의 비껴 튼 옆면 등 다양한 뜻을 가지고 있어. 사람의 성격이나 사물의 형태 등을 나타낼 때 이 글자를 쓰지.

모 방(方)은 원래 논이나 밭을 가는 농기구인 쟁기의 모습에서 가져왔다고 해. 위는 손잡이를, 아래는 갈라진 날을 표현하고 있어. 옛날 농경 사회에서 쟁기는 농사짓는 데 없어서는 안 될 유용한 도구였어. 소에 쟁기를 매어 밭을 갈 때 소가 한 방향으로 나아가잖아. 그래서 方은 '방향'이라는 뜻을 갖게 되었어. 그리고 땅이 네모꼴이었기에 '네모'라는 뜻도 생겨났대.

또한 方은 '방위'를 나타내기도 해. 동서남북 네 방향을 일컬어서 사방(四方)이라고 하고, 또 사방을 더 쪼개서 팔방(八方)이라고 하지. 사방팔방(四方八方)은 나를 둘러싼 모든 방향을 가리켜.

方은 다른 글자와 만나 소리 역할을 하는데, 이때는 글자의 오른쪽이나 아래쪽에 와. 반면에 부수로 쓰일 때는 글자 왼쪽에 오지.

| 方 | 부수 方
총획 4획 | 丶 一 亠 方 |

62 放

수업을 잠시 놓고 쉬니

놓을

학교에서는 일 년에 두 번, 아주 더운 여름과 추운 겨울에 한 달가량 수업을 잠시 내려놓고 쉬지. 이것을 한자로는 놓을 방(放)에 배울 학(學)을 써서 방학(放學)이라고 해. 방학이 되면 실컷 놀 수 있겠구나 싶어 마음이 부풀지만, 웬걸 방학을 해도 학교 다닐 때 못지않게 바쁘지.

放은 모 방(方)에 칠 복(攵)이 합쳐진 글자야. 앞에서 方은 방위나 방향 등을 뜻한다고 했지? 방위나 방향은 나아간다는 의미가 있어. 다시 말해 放은 '나아가다'라는 뜻을 가진 方에 '치다', '때리다' 등의 의미를 가진 攵(攴)이 더해져 '몽둥이로 때려 내보내다' 또는 '죄인을 때려서 변방으로 내쫓다'라는 뜻을 나타내지.

이렇게 放은 '놓(이)다', '내쫓다', '버리다', '그만두다' 등의 의미로 두루 쓰여. 해방(解放)은 구속이나 억압, 부담 등에서 벗어나는 것이고, 방목(放牧)은 가축을 놓아 기르는 일이며, 방랑(放浪)은 정한 곳 없이 이리저리 떠돌아다니는 것을 말하지. 그리고 방심(放心)은 마음을 놓아 버리는 거야. 옛날, 조선시대에 죄수를 놓아주는 일을 방송(放送)이라 했단다. 이건 몰랐지?

放	부수 攵(攴)	、 一 亠 方 方 方 放 放
	총획 8획	

나라나 단체를 대표하는 상징물
깃발 기

모 방(方)이 다른 글자와 결합할 때는 깃발의 의미를 나타내. 이번에 배울 글자도 마찬가지야. 깃발 기(旗)는 나부끼는 깃발을 나타내는 깃발 날릴 언(㫃)과 그 기(其)가 합쳐진 글자야. 旗는 '깃발' 외에 표시나 특징으로 다른 것과 구분하게 하는 '표지', '군대' 등의 의미로도 쓰여.

여기서 잠깐, 문법 공부 하나 하고 갈까? '깃발'은 한자어 '旗'와 우리말 '발'이 합쳐진 글자야. 순우리말 또는 순우리말과 한자어가 결합할 때 앞말에 'ㅅ'이 붙어서 소리가 나. 이때의 'ㅅ'을 '사이시옷'이라고 해. '깃발'은 순우리말과 한자어로 된 합성어 가운데 앞말이 모음으로 끝날 때 뒷말의 첫소리가 된소리로 나는 경우에 해당해. 깃발과 같은 예로 깃대, 찻잔, 아랫방 등이 있어.

깃발은 나라나 단체를 대표하는 상징물이야. 우리나라를 상징하는 국기는 태극기(太極旗)라고 하고 국경일 등에 달아. 특히 현충일에는 태극기를 깃봉에서 기폭만큼 내려 달아서 나라를 위해 목숨을 바쳐 싸우신 분들을 기리지. 이렇게 슬픈 일을 기념하는 깃발을 조기(弔旗)라고 하지.

旗	부수 方	` 二 亍 方 方 方 方 方 旂 旂 旂 旗 旗 旗
	총획 14획	

모아 읽고 익히기

지금까지 배운 한자를 정리해 봐요.
( ) 안에 한자의 뜻과 소리를 써넣으세요.
그리고 이 한자가 들어간 단어들을 반복하여 읽으면서
완벽하게 익혀 보세요.

논밭을 가는 쟁기를 본뜬 ( )	**方**	方법, 方식, 方향, 地方, 方정식, 四方八方, 八方미人
수업을 잠시 놓고 쉬니 ( )	**放**	放치, 放학, 개放, 추放, 해放, 高성放가, 자유분放
나라나 단체를 대표하는 상징물 ( )	**旗**	旗手, 旗치, 국旗, 白旗, 조旗, 五륜旗, 太극旗

인생은 오래달리기 같은 거야

'가까울 근(近)'과 '멀 원(遠)'은 서로 반대되는 말이야. 그런데 두 글자 모두 쉬엄쉬엄 갈 착(辶)을 부수로 하고 있어. 거리의 차이가 있을 뿐 발로 걸어서 가는 것과 관련이 있다는 말이지. '먼저 선(先)' 역시 사람이 발로 걸어서 앞으로 나아가는 모습을 본뜬 거야.
자, 오늘은 콩선생과 함께 걸어서 어느 방향으로 가 볼까?

도끼를 들고 나무하러 갈 만한 거리

가까울 근(近)은 천천히 가는 모습을 나타내는 쉬엄쉬엄 갈 착(辶)과 도끼 근(斤)이 합쳐진 글자야. 辶은 뜻을, 斤은 소리를 나타내.

斤은 원래 도끼를 뜻하는 글자인데, 여기에 辶이 결합하여 가는 거리를 짧게 만든다는 데서 '가깝다'라는 의미로 쓰이고 있어. 도끼를 들고 나무를 하러 가는 곳이라면 가까운 거리라는 뜻이겠지? 이처럼 近은 장소나 시간, 거리상의 가까움은 물론 친구와 '가까이 하다', '친하게 지내다' 등의 의미로도 쓰여.

반대말은 멀 원(遠)으로, 원근(遠近)처럼 두 글자가 함께 쓰여 멀고 가까운 거리를 나타내기도 하지.

近	부수 辶(辵)	´ 厂 厂 斤 斤 斤 斤 近 近
	총획 8획	

옷이 길게 늘어져 있으니
멀

앞에서 공부한 가까울 근(近)의 반대말이야. 멀 원(遠) 역시 近처럼 쉬엄쉬엄 갈 착(辶)이 부수로 쓰였어. 여기에 길게 늘어진, 잘 차려입은 옷을 뜻하는 글자인 옷 길 원(袁)이 결합하여 옷이 길게 늘어져 있으니 '멀다'라는 뜻이 되었어. 辶은 뜻을, 袁은 소리를 나타내.

遠은 장소나 시간, 거리상의 길이가 먼 것은 물론 '(세월이) 오래되다', '(깊이가) 깊다', '멀리하다', '싫어하다' 등의 뜻으로도 쓰여. 영원(永遠)은 끝없이 오래 지속됨을 말하고, 망원경(望遠鏡)은 먼 데 있는 사물을 보는 기구이며, 원심력(遠心力)은 중심에서 멀어지려는 힘을 가리키지.

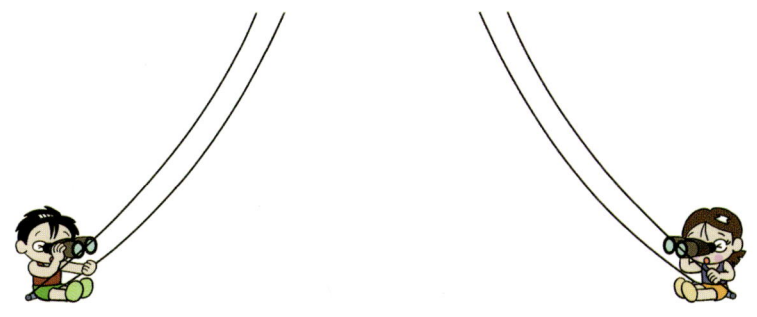

발로 걸어서 나아가니
먼저

먼저 선(先)은 발 지(止)와 어진사람 인(儿)이 합쳐진 글자야. 사람이 발로 걸어서 앞으로 나아가는 모습을 본뜬 것이지. 그래서 先은 '먼저', '앞', '처음', '옛날' 등의 뜻을 갖고 있어. 여기서 儿은 사람 인(人)과 같은 글자인데, 다른 글자의 아래에 올 때는 이렇게 모양이 바뀌지. 이것은 앞에서 이미 살펴보았어.

우리는 남보다 앞서고 싶어 해. 공부든 운동이든 잘해야 한다고 생각하지. 그래서 있는 힘을 다해 달려 나가. 하지만 인생은 단거리 달리기가 아니야. 그보다는 마라톤에 가깝지. 그러니 초반에 지나치게 힘을 쏟는다면 얼마 못 가 주저앉고 말 거야. 남보다 한 발 앞섰다고 해서 영원히 앞서는 것도 아니고, 조금 뒤처졌다고 해서 늘 뒤처지는 것도 아니라는 것을 잊지 않았으면 좋겠어.

오래달리기를 할 때처럼 멀리 보고 깊게 심호흡을 하면서 즐거운 마음으로 나아가도록 하자. 그래야 쉬 지치지 않고 더 멀리까지 나아갈 수 있어. 한자 공부도 좀 하고, 인생도 좀 살아 본 콩선생의 뒤늦은 깨달음이란다.

先	부수 儿	ノ 一 ㅏ 生 尹 先
	총획 6획	

북쪽으로 난 창문

 향할 향

향할 향(向)은 집 면(宀)과 입 구(口)가 합쳐진 글자야. 집에 창문(口)을 만들어 바라본다는 의미로 풀이할 수 있어.

갑골문에는 집과 창문이 그려져 있었어. 向의 본래 뜻은 집에 난 창문이었던 것이지. 그럼 창문은 어느 쪽으로 냈을까? 집이 남향이라면 대문은 남쪽으로, 창문은 북쪽으로 내야겠지. 그래야 바람이 잘 통할 테니까. 向은 이렇게 '북쪽으로 난 창문'을 의미했다가 나중에 '북쪽'은 사라지고 '방향'만이 남게 되었어.

向은 동향(東向), 남향(南向) 같은 방위만이 아니라 현상이나 사상, 행동 등이 어떤 방향으로 기울어지는 경향(傾向), 한쪽으로 치우치는 편향(偏向), 마음이 향하는 의향(意向) 등 마음이나 형세가 향하는 방향을 가리키기도 해.

우리는 사람의 성격을 나타낼 때 내향적이라거나 외향적이라고 해. 자신의 마음이 밖을 향하느냐, 아니면 자신에게 더 집중하느냐에 따라 구분한 것이지. 요즘은 성격 유형 검사(MBTI)로 자신의 성향(性向)을 알아보기도 한대.

向	부수 口 총획 6획	㇓ ㇒ 冂 向 向 向

모아 읽고 익히기

지금까지 배운 한자를 정리해 봐요.
( ) 안에 한자의 뜻과 소리를 써넣으세요.
그리고 이 한자가 들어간 단어들을 반복하여 읽으면서
완벽하게 익혀 보세요.

도끼를 들고 나무하러 갈 만한 거리 ( )	近	近대, 近린, 近황, 遠近, 최近, 측近, 近묵者흑
옷이 길게 늘어져 있으니 ( )	遠	遠洋, 소遠, 심遠, 영遠, 遠心력, 遠정대, 不遠千리
발로 걸어서 나아가니 ( )	先	先頭, 先배, 先生, 先祖, 先진국, 先見지明, 先공後사
북쪽으로 난 창문 ( )	向	向後, 上向, 의向, 지向, 취向, 外向적, 風向계

'소인'의 반대는 '거인'?

『걸리버 여행기』에는 소인국과 거인국이 나와. 소인국은 키가 작은 사람들이 사는 곳이고, 거인국은 키가 큰 사람들이 사는 곳이지. 그런데 소인(小人)의 반대는 대인(大人)인데 왜 거인(巨人)이라고 했을까?
이번 시간에는 작거나 같고, 무겁거나 가벼운 것을 뜻하는 글자를 공부해 보자.

小　同　重　輕

'크다'의 반대말

작을

앞에서 적을 소(少)를 공부할 때 작을 소(小)에 대해서 조금 살펴보았어. 점 세 개로 이루어진 글자로, 큰 대(大)의 반대라고 했지. 점은 빗방울이나 모래알 같은 작은 것들을 상징해.

크고 작은 정도를 말할 때 크기라고 하지. 그런데 왜 작기라고 하지 않고 크기라고 할까? 그뿐만이 아니야. 빠르고 느린 정도는 빠르기라고 하고, 높고 낮은 정도는 높이라고 하며, 무겁고 가벼운 정도는 무게라고 하고 말이야. 아마도 옛사람들이 빠르고 크고 높고 무거운 것을 선호했기 때문이 아닐까? 빨리 달려야 짐승을 잡거나 적으로부터 달아날 수 있고, 키가 커야 높은 데 있는 열매를 따고 적을 빨리 알아차릴 수 있었을 테니까.

『걸리버 여행기』에는 소인국과 거인국이 나와. 소인국은 키가 작은 사람들이 사는 곳이고, 거인국은 키가 큰 사람들이 사는 곳이야. 그런데 소인(小人)의 반대는 대인(大人)인데 왜 거인(巨人)이라고 했을까? 대인은 인품이 훌륭한 사람이라는 사실까지 아우르지만 거인은 키만 큰 사람이기 때문이 아닐까?

| 小 | 부수 小
총획 3획 | ㅣ 小 小 |

우리는 동갑, 나이가 같지
같을 동

같을 동(同)은 아주 오랜 옛날, 사람들이 모여 살던 동굴집 같은 것을 본떠 만들었다고 해. 부수인 입 구(口)는 사람을 뜻하고 바깥 테두리는 사람들이 모인 공간을 나타냈대. 사람들이 한 공간에 같이 모여 있다는 데서 '같다'라는 뜻이 나왔어.

또는 크기가 같은 그릇과 그 그릇의 뚜껑을 가리키거나 '모두'를 뜻하는 무릇 범(凡)에 입 구(口)를 더해서 '모두가 함께 이야기를 나누다'라는 것으로 풀이하기도 해.

이렇듯 同은 사람들이 한 공간에 모이는 것이든 그렇게 모여서 이야기를 나누는 것이든 같이 무엇인가를 한다는 것을 나타내. '같다' 외에 '함께', '한가지', '무리' 등을 의미해.

나이가 같으면 동갑(同甲)이라고 해. 옛날에는 나이를 따질 때 갑자, 을축, 병인, 정묘 하는 식으로 육십진법에 따라 만든 간지라는 것을 썼는데 이를 육십갑자라고 해. 여러분도 각자 띠가 있지? 쥐띠나 소띠, 범띠 같은 것 말이야. 동갑은 띠가 같고 간지로 같은 해에 난 사람이란 뜻이야.

| 同 | 부수 口
총획 6획 | 丨 冂 冂 冃 同 同 |

사람이 무거운 물건을 어깨에 메니
무거울 중

무거울 중(重)은 사람 인(人)에 동녘 동(東)이 합쳐진 글자야. 앞에서 東이 곡식이나 씨앗과 같은 물건을 자루에 집어넣어서 묶어 둔 모습과 관련이 있다고 했지? 그래서 重은 사람이 무거운 물건을 어깨에 메거나 등에 진 모습을 나타내. 무거운 물건을 어깨에 메거나 지면 당연히 무겁겠지? 그래서 '무겁다'라는 뜻이 나왔어.

무거운 것은 '소중하다', '중요하다'라는 뜻과도 통해. 또한 무거운 것은 대개 겹친 것이기에 '거듭하다'는 의미도 가지고 있지.

무게가 많이 나가고 부피가 큰 것은 좀처럼 움직이기가 쉽지 않고 쉬이 흔들리지도 않아. 이것은 사람 관계에서도 마찬가지야. 자신의 이익에 따라 쉽게 마음을 바꾼다면 그 사람을 신뢰할 수 없을 거야. 언제 또 마음이 바뀔지 알 수 없으니까.

반면에 자신의 이익이나 손해에 쉽게 흔들리지 않고 본래 마음을 굳게 지킨다면 믿을 만한 사람이라고 할 수 있어. 그리고 그가 하는 말은 믿을 수 있어서, 그의 말에 귀 기울이고 따르게 될 거야. 그러니 몸가짐을 무겁게 할 필요가 있어. 몸무게가 아니라 몸가짐 말이야!

重	부수 里	一 亠 𠂉 𠂉 𠂉 𠂉 𠂉 重 重
	총획 9획	

수레가 가벼우니
가벼울 경

무거운 것의 반대는 가벼운 거야. 가벼울 경(輕)은 수레 거(車)와 물줄기 경(巠)이 합쳐진 글자로 '수레가 가볍다'는 뜻이야. 수레가 가벼우니까 빨리 굴러가겠지. '가볍다' 외에도 '가벼이 여기다', '업신여기다' 등의 의미가 있어.

가벼운 것은 무거운 것에 비하여 밝고 발랄한 느낌이 들어. 솜털은 바람에 하늘하늘 날아가고, 나뭇잎은 물 위에 둥실둥실 떠가지. 아이는 몸이 가벼워서 잠시도 가만있지 않고 뛰어다니고 말이야.

하지만 가벼운 것이 늘 좋은 것은 아니야. 쉽게 마음이 흔들리고 생각이 자주 바뀌면 가볍다는 느낌을 주지. 생각이 자주 바뀌고 입이나 몸가짐이 가볍다는 말은 결코 칭찬이 아니야.

輕	부수 車	一 厂 亓 亓 襾 襾 車 車 車
	총획 14획	輕 輕 輕 輕 輕

모아 읽고 익히기

지금까지 배운 한자를 정리해 봐요.
( ) 안에 한자의 뜻과 소리를 써넣으세요.
그리고 이 한자가 들어간 단어들을 반복하여 읽으면서
완벽하게 익혀 보세요.

'크다'의 반대말 ( )	**小**	小식, 小心, 小兒, 小人, 축小, 大同小이, 小탐大실
우리는 동갑, 나이가 같지 ( )	**同**	同기, 同료, 同행, 同화, 공同體, 同고同락, 부화뇌同
사람이 무거운 물건을 어깨에 메니 ( )	**重**	重복, 重시, 重요, 重책, 輕重, 비重, 重언부언
수레가 가벼우니 ( )	**輕**	輕감, 輕망, 輕솔, 輕시, 輕쾌, 輕工업, 輕거망동

활시위를 힘껏 당겨 봐

이번 시간에는 활과 화살과 관련된 글자들을 공부해 보자. 낙타 등 모양의 활을 본뜬 '활 궁(弓)'과, 弓을 부수로 해서 강하고(强) 약한(弱) 뜻을 나타내는 글자, 그리고 화살 시(矢)를 부수로 한 '짧을 단(短)'이 오늘 배울 글자들이야.
화살은 속도가 생명이니 빠르게 한자 속으로 들어가 보자.

낙타 등 모양의 활
활 궁

활 궁(弓)은 활 모양을 본뜬 글자야. 활 중에서도 중국에서 주로 사용한 낙타 등처럼 생긴 구부러진 활이지. 弓이 들어간 글자는 '활' 또는 화살을 쏘는 동작과 관련이 있어.

지금은 특별한 경우를 제외하고는 활을 거의 쓰지 않지만 옛날에는 전쟁 등에서 자기 몸을 드러내지 않고도 먼 거리에서 적을 물리칠 수 있는 효과적인 무기였어. 또한 사냥감을 잡는 데도 아주 유용한 도구였지.

우리나라는 예로부터 활을 잘 쏘는 민족으로 이름이 났어. 중국에서는 우리나라를 비롯한 동쪽 이민족을 동쪽의 오랑캐라는 뜻으로 '동이(東夷)'라고 했어. 여기서 夷는 큰 대(大)와 활 궁(弓)이 합쳐진 것으로 '동쪽의 큰 활잡이'라는 뜻이야.

고구려를 세운 동명성왕, 고려를 세운 태조 왕건, 조선을 세운 태조 이단(이성계)도 모두 활을 잘 쏘았대. 이처럼 우리 조상 대대로 활을 잘 쏘는 유전자라도 있는지 서양식 활쏘기인 양궁(洋弓) 경기에서 우리나라 선수들이 도맡아서 우승을 하고 있어.

弓	부수 弓	ㄱ ㄹ 弓
	총획 3획	

생명력 강한 쌀벌레처럼

굳셀

굳셀 강(強)은 활 궁(弓)이 부수로 쓰인 글자야. '굳세다' 외에 '강하다', '단단하다', '힘쓰다', '세차다' 등의 뜻이 있어.

強은 弓과 벌레 충(虫)이 결합했어. 여기서 벌레는 쌀에 생기는 단단한 껍데기를 가진 작고 검은 바구미를 가리킨대. 이 벌레는 생명력이 강해서 아무리 잡아도 사라지지 않고 오히려 널리 퍼지지. 그래서 '끈질기다', '강하다'라는 뜻이 나왔어.

활을 당기려면 아주 센 힘이 필요해. 힘이 아주 센 것을 강력(強力)하다고 하고, 가장 강한 것은 최강(最強)이라고 해. 힘이 세고 큰 나라는 강대국(強大國)이라고 하지.

최근 유엔무역개발회의(UNCTAD)에서는 우리나라를 개발도상국에서 선진국 그룹으로 지위를 변경했어. 이로써 우리나라는 정치, 경제, 군사적으로 아주 강한 나라가 된 거야.

참, 強은 '강하다'를 뜻하는 원래 글자인 彊의 속자였는데, 지금은 強이 더 많이 쓰여.

強	부수	弓	ㄱ ㄱ 弓 弓' 弓㇔ 弓㇔ 弓台 弓台 強 強 強
	총획	11획	

74 弱

활에 획이 더해지니

약할 약

굳셀 강(強)의 반대말이야. 부수인 활 궁(弓)에 깃 우(羽)가 더해져서 '약하다', '쇠해지다', '젊다' 등을 의미해.

약할 약(弱)은 활 궁(弓) 두 개가 나란히 놓인 모습이야. 그런데 활에 획이 그어져 있어. 활에 방해물이 있으니 활시위가 약할 수밖에 없겠지. 또는 장식용 화살이어서 활의 힘이 약하다고 풀이를 하기도 해. 만약 활에 획이 없으면 '강하다'는 뜻을 가진 글자(弜, 강할 강)가 되지.

다른 글자들처럼 서로 반대되는 말이 어울려 새로운 단어를 만들기도 해. 강하고 약함을 뜻하는 강약(強弱)이 그것이지. 악기를 연주하든 붓으로 글씨를 쓰든 사람의 힘으로 무엇을 할 때는 강약을 잘 조절해야 한단다.

弱肉強食
고기 육   밥 식
→ 약한 동물의 고기는 강한 동물이 먹는다

앙, 너무해!

弱	부수 弓	ㄱ ㄱ 弓 弓 弱 弱 弱 弱 弱 弱
	총획 10획	

빨리빨리의 민족에게 속도란
빠를

빠를 속(速)은 묶을 속(束)에 쉬엄쉬엄 갈 착(辶)이 더해진 글자야. 나뭇단을 묶어서 옮기면 '빠르다'라는 뜻으로 풀이할 수 있어. 또는 머리띠를 질끈 묶고 달리면 빠르다는 의미로도 해석할 수 있지. 나뭇단을 묶어서 옮기든 머리띠를 묶고 달리든, 미리 준비를 해서 행동에 옮기면 더 빨리 할 수 있다는 의미이겠지?

速이 '빠르다'나 '빨리 하다'라는 뜻을 갖다 보니 속도와 관련된 글자에 많이 쓰여. 빛의 속도는 광속(光速), 소리의 속도는 음속(音速), 한 시간을 단위로 하여 잰 속도는 시속(時速) 등으로 말이야. 학교 앞을 지나갈 때 자동차는 시속 30킬로미터 이하로 안전 운전해야 한다는 사실을 알고 있지?

우리나라 사람들을 가리켜 빨리빨리의 민족이라고 해. 일도 빠르고 눈치도 빠르고 행동도 재빨라서 붙여진 별칭이지. 하지만 빠른 게 항상 좋은 것은 아니야. 서두르다 보면 실수를 하거나 중요한 일을 지나쳐 버리기도 하니 말이야. 그러니 아무리 바빠도 일을 잠깐 멈추고 주위를 돌아보면서 쉬어 가도록 하자.

速	부수 辶(辵)	一 厂 厂 戸 market 市 束 束 涷 涷 速
	총획 11획	

화살로 잴 수 있을 만큼의 거리

1권에서 공부한 길 장 또는 어른 장(長)의 반대되는 말이야. 부수인 화살 시(矢)에 콩 두(豆)가 더해졌어. 옛날에는 화살을 가지고 다니면서 사냥을 하거나 적으로부터 자신을 지켰어. 그리고 사물의 길이를 재는 데도 사용했지. 화살로 길이를 잰다는 것은 그만큼 길지 않다는 의미일 거야.

豆에는 굽 높은 제기(제사용 그릇)라는 뜻도 있어. 따라서 짧을 단(短)은 화살의 길이나 제기의 높이만큼 '길지 않다'라고 유추해 볼 수 있어. 여기에서 '짧다', '작다', '모자라다' 등의 뜻이 파생되었지.

또는 화살 던지기 놀이인 투호에서 유래한 글자로 보기도 해. 豆를 투호 병으로 풀이하는 것이지. 투호 병에 화살을 던지는 것이 활로 쏘는 것보다 짧다고 여긴 거야.

사람들은 짧은 것보다 긴 것을 좋아하는 것 같아. 짧은 것은 나쁜 것으로 여기고 말이야. 어떤 사람이 지닌 품성이나 자질이 뛰어난 것을 장점이라고 하고 모자라거나 나쁜 것을 단점(短點)이라고 하는 것만 봐도 알 수 있어.

短	부수 矢	ノ ト 上 チ 矢 矢 矢 知 知 知 短 短 短
	총획 12획	

모아 읽고 익히기

지금까지 배운 한자를 정리해 봐요.
( ) 안에 한자의 뜻과 소리를 써넣으세요.
그리고 이 한자가 들어간 단어들을 반복하여 읽으면서
완벽하게 익혀 보세요.

낙타 등 모양의 활 ( )	**弓**	弓手, 弓술, 角弓, 국弓, 名弓, 洋弓
생명력 강한 쌀벌레처럼 ( )	**強**	強세, 強者, 強조, 強風, 強大국, 견強부회, 弱肉強식
활에 획이 더해지니 ( )	**弱**	弱관, 弱점, 박弱, 쇠弱, 유弱, 노弱者, 용장弱졸
빨리빨리의 민족에게 속도란 ( )	**速**	速도, 速독, 速보, 졸速, 가速도, 高速도로, 速전速결
화살로 잴 수 있을 만큼의 거리 ( )	**短**	短검, 短見, 短점, 短축, 短편, 短기간, 一短一長

한자는 이과 공부에 어떤 도움이 될까?

집과 돼지가 만나면?

이번 시간에는 집 면(宀)에 여자, 돼지, 크고 작은 방 등을 뜻하는 글자들이 어울린 한자를 공부할 거야.
여자가 집에 있으니 안전하고(安), 돼지와 함께 사니 풍요로우며(家), 방이 여러 개이니 궁궐과 같은 큰 집(宮)이 돼.
같은 듯 다른 '집'과 관련한 글자 속으로 들어가 보자.

친구야, 안녕!

편안할 안

편안할 안(安)은 집 면(宀)과 계집 녀(女)가 합쳐진 글자야. '여자가 집에 있으면 편안하다' 또는 '여자가 집에 있으면 안전하다'라고 풀이할 수 있어.

지금은 사회 제도가 잘 갖춰지고 치안이 좋아서 여자든 아이든 마음 놓고 바깥에 나가 활동할 수 있어. 그러나 옛날에는 그러지 못했지. 그래서 여자가 집 안에 있으면 안전하다고 여겼던 거야.

또는 어머니가 집에 있으면 안심이 된다는 의미로도 이해할 수 있어. 우리가 학교에서 돌아오거나 밖에서 놀다가 들어왔을 때 어머니가 집에 계시면 마음이 놓이잖아.

安은 우리가 일상생활에서 많이 쓰는 글자야. 친구들과 만나거나 헤어질 때 "안녕!"이라고 인사하잖아. 이때 '안녕'은 한자로 편안할 안(安)과 편안할 녕(寧)을 써서 '安寧'이라고 해.

부수로 쓰인 宀은 옛날 집 모양을 본떠서 만든 글자야. 일반적인 의미의 집은 물론 집이 가져다주는 안락함, 조상을 모시는 종묘 등 집과 관련한 글자에 두루 쓰이지.

安	부수 宀	丶 丷 宀 宊 安 安
	총획 6획	

집 안에 돼지가 있다고?
집 가

집 가(家)는 집 면(宀)과 돼지 시(豕)가 합쳐진 글자야. 집 안에 돼지가 있는 모습을 본떠 만든 글자로, '집'을 비롯하여 '가족', '집안', '문벌', '전문가' 등을 뜻하지.

집과 돼지가 관련이 있다니 선뜻 이해가 가지 않지? 家가 지붕과 돼지를 합쳐 놓은 모양이라는 것은 많은 학자들이 인정하고 있어. 그런데 왜 돼지와 지붕이 집을 나타내게 되었는지에 대해서는 여러 말이 있어.

돼지는 다산의 상징이라고 할 만큼 새끼를 많이 낳았는데, 후손도 그처럼 많이 늘어나기를 바라는 마음이 담겨 있다고 할 수 있어. 또는 옛날에는 돼지를 집 안에서 길렀는데, 돼지우리는 아래층에 두고 위층에 사람이 살았어. 이러한 집의 형태가 家라는 글자에 반영되었다고 보는 것이지.

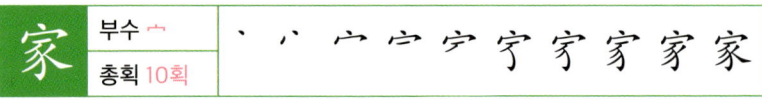

화살이 이르는 곳
안방 실

室

'집 실'이라고도 하는 안방 실(室)은 집 면(宀)과 이를 지(至)가 합쳐진 글자야. 至는 화살이 땅에 거꾸로 박힌 모습에서 가져온 글자로 '이르다', '도착하다'라는 뜻이 있어.

옛날에는 큰일을 결정할 때 나보다 더 큰 힘을 가진 누군가에게 판단을 맡기곤 했어. 사당과 같은 중요한 건물의 터를 정할 때도 마찬가지였어. 어느 곳에 지을지 대강 방향을 정한 뒤에 하늘을 향해 화살을 쏘아 그 화살이 떨어진 곳으로 정했어. 그래서 室에는 화살을 쏘아 이르는 곳이라는 의미가 들어 있어.

아주 먼 옛날에는 여자가 중심인 사회였는데, 남자가 혼인할 나이가 되면 밤에 여자를 찾아가서 만났다고 해. 그래서 室이 여자가 거처하는 곳을 나타내는 의미로도 쓰였어. 안주인이 거처하는 방을 안방이라고 하고, 한자로는 내실(內室)이라고 해.

집을 의미하는 한자 중에서 집 가(家)가 집이라는 건물을 나타낸다면 室은 집 안에서 사람이 거처하는 방을 가리켜. 바깥채인 대청 당(堂)과 구분하여 안쪽의 방을 일컫지. 어때, 이해하기 어렵지 않지?

室	부수 宀	丶 丷 宀 宀 宁 宕 宏 室 室
	총획 9획	

방이 여러 개인 큰 집

집 궁

집 궁(宮)은 지붕 밑에 방이 여러 개 있는 모습을 나타낸 글자야. 글자 모양만 봐도 무엇을 나타내는지 어림짐작할 수 있겠지? 지붕 모양의 글자 밑에 크고 작은 네모가 있으니 말이야.

宮은 원래 보통 집을 뜻하는 글자였어. 그런데 나중에 집을 나타내는 글자가 여러 개 생겨나자 宮을 나라의 임금이 기거하는 건물이나 특별한 목적을 지닌 큰 건물이라는 의미로 썼어.

임금이 사는 곳은 왕궁(王宮), 또는 궁궐(宮闕)이나 궁전(宮殿)이라고 해. 오래된 옛 궁궐은 고궁(古宮)이라고 하지. 조선 시대 나랏일을 살피고 임금이 거처하던 궁궐인 경복궁, 창덕궁, 창경궁, 덕수궁이 아직 남아 있어. 또한 고려 말과 조선 시대의 최고 교육 기관인 성균관은 학궁(學宮)이라고도 했어.

宮이 일반적인 의미의 집과는 다르다는 것을 알 수 있겠지?

宮	부수 宀	丶 丶 宀 宀 宀 宁 宁 宁 宮 宮
	총획 10획	

집의 바깥채
대청 **당**

앞에서 안방 실(室)을 배울 때 대청 당(堂)에 대해서 잠깐 살펴보았어. 室이 집 안쪽의 방이라면 堂은 바깥채라고 말이야. 바깥채는 사랑채라고도 하는데, 바깥주인이 머물며 손님을 접대하는 곳을 가리키지.

옛날 중국에서는 집을 지을 때 흙을 쌓아 땅을 높이고 터를 반듯하게 다져서 건물을 올렸는데, 집의 앞부분을 특히 높여서 손님을 접대하거나 혼례 등 중요한 일을 치렀어. 바깥채의 개념인 것이지.

그래서 堂은 집을 가리키는 말이기는 하지만 우리가 아침저녁으로 밥을 먹고 잠을 자고 식구들과 어울려 지내는 집의 개념이 아니라, 집을 이루는 건물 가운데 특별한 목적으로 지은 건물을 가리켜. 또는 신을 모시는 곳을 뜻하기도 해.

堂은 장소의 의미로도 쓰여서 밥을 먹는 곳은 식당(食堂), 기독교에서 예배를 보는 곳은 예배당(禮拜堂), 불교에서 부처님을 모신 곳은 법당(法堂)이라고 해. 조선 시대 벼슬의 하나인 당상관(堂上官)과 당하관(堂下官)에도 이 글자가 들어가. 堂이 높은 건물의 상형이거든.

堂	부수 土	丨 丨 丷 丷 䒑 䒑 㟁 㟁 堂 堂 堂
	총획 11획	

모아 읽고 익히기

지금까지 배운 한자를 정리해 봐요.
( ) 안에 한자의 뜻과 소리를 써넣으세요.
그리고 이 한자가 들어간 단어들을 반복하여 읽으면서
완벽하게 익혀 보세요.

친구야, 안녕! ( )	安	安부, 安心, 安전, 보安, 편安, 安분지足, 좌不安석
집 안에 돼지가 있다고? ( )	家	家족, 家축, 작家, 전문家, 家家호호, 자手성家, 草家三간
화살이 이르는 곳 ( )	室	室內, 교室, 암室, 온室, 교무室, 화장室, 高대광室
방이 여러 개인 큰 집 ( )	宮	宮女, 宮전, 미宮, 용宮, 경복宮, 九重宮궐
집의 바깥채 ( )	堂	강堂, 서堂, 식堂, 天堂, 정정堂堂

문은 쓸모가 많아

이번 시간에는 '문 문(門)'이 들어가는 글자들을 살펴보자. 門에 입 구(口)가 더해져서 묻다, 날 일(日)이 더해져서 사이 또는 틈, 귀 이(耳)가 더해져서 듣다는 의미를 가진 글자들이 만들어졌어.
門은 단순히 창문이나 대문만을 의미하지는 않아. '집안'이나 '문벌' 같은 뜻으로도 쓰이지. 쓸모 많은 門을 공부하러 가 보자.

양쪽으로 여닫는 문

문 문(門)은 양쪽으로 여닫는 문을 본떠 만든 글자야. 문은 벽이나 담으로 가로막힌 두 공간을 통하게 만드는 장치를 말해. 대문이나 창문 같은 들어오고 나가는 '문'은 물론 '집안'이나 '문벌' 같은 혈연으로 연결된 집안도 가리키지.

조선 시대에는 동서남북 사방에 있는 한양성 성곽의 문을 기준으로 문밖 십 리까지 한양이라고 했어. 그래서 한강을 건너면 바로 과천이나 시흥, 경기도 광주에 속하는 땅이었고, 동쪽이나 북쪽으로는 고양, 양주 등에 속하는 땅이었지. 이 사대문 안에 여러 대에 걸쳐 살아야 진짜 서울 사람이라고 했어.

門	부수 門	丨 冂 冂 門 門 門 門 門
	총획 8획	

물음은 앎의 출발이야

물을

옛사람들은 힘든 일이 있거나 앞날을 가늠하고자 할 때 점을 보곤 했어. 물을 문(問)에서 문 문(門)은 신령을 모신 집의 문을 뜻하고, 입 구(口)는 입으로 문 안에 있는 신령에게(신령을 모신 무당에게) 궁금한 것을 묻는 모습이라고 해. 이렇게 문과 입을 나타내는 글자를 더해서 묻는 것을 뜻하는 글자를 만들었어.

또는 '남의 집(門)을 방문하여 입(口)으로 묻다'라는 의미도 있어. 남의 집으로 가니 '방문하다', 바깥소식이 문을 통해 들어오니 '알리다', '소식' 같은 뜻으로도 쓰이지.

우리는 왜 미래를 궁금해할까? 앞으로 닥칠 일이나 겪게 될 일을 모르기 때문이야. 그럼 누군가에게 물어봐야겠지. 부모님이나 선생님 같은 경험과 지혜가 많은 사람에게 물어볼 수도 있고, 친구에게 물을 수도 있으며, 또는 자기 자신에게 묻기도 해. 물음은 앎의 출발이야. 영국의 철학자 프랜시스 베이컨은 '아는 것이 힘'이라고 했어. 그러니 모르는 게 있으면 주저하지 말고 물어서 내 것으로 만들도록 하자.

問	부수 口	丨 冂 冂 冃 冃' 門 門 門 門
	총획 11획	問 問

문틈 사이로 비치는 달빛

사이 간

이 글자는 원래 달 월(月)이 들어간 閒(한/간)을 '틈' 또는 '사이'라는 의미로 썼어. 그리고 문틈 사이로 달빛이 비치는 모습이라고 풀이를 했지. 그러다 나중에 閒이 '한가하다'는 의미로 쓰이면서 날 일(日)을 더해서 사이 간(間)을 만들었어.

유리창이 없던 옛날에는 거적이나 나무판자 같은 것으로 문을 만들어 집 안과 밖을 나누고 집 안을 가렸어. 그러니 달이 뜨지 않은 밤에는 얼마나 어두웠겠어? 이윽고 달이 뜨면 나무판자 사이로 달빛이 비쳐서 어렴풋하게나마 사물을 분간할 수 있었지.

아주 캄캄한 밤에는 방 안으로 들어온 달빛도 꽤 밝게 느껴져. 달빛이 비쳐 드는 문 사이의 틈은 사람들에게 큰 인상을 남겼어. 그래서 어떤 물건과 물건의 갈라진 '틈', '사이'를 이 글자로 나타내게 되었대.

| 間 | 부수 門 | 丨 丨 丨 丨 丨' 門 門 門 門 |
| | 총획 12획 | 閒 閒 間 |

귀를 쫑긋 기울이다
들을

원래 글자는 사람이 꿇어앉아서 귀를 쫑긋 기울이고 듣는 모습이었어. 그런데 글자 모양이 조금씩 변하면서 귀 이(耳)와 문 문(門)이 합쳐져 들을 문(聞)이 되었지. 문밖에서 나는 소리를 사람의 귀로 듣는다는 뜻이야.

앞에서 묻는다는 뜻의 물을 문(問)을 배웠어. 입으로 물었다면 이제는 귀로 들어야겠지. 그래야 상대와 제대로 된 대화를 할 수 있으니까.

물음과 들음은 저마다 입과 귀가 중심 역할을 해. 그런데 우리는 남의 말을 듣기보다는 자기 말만 하려고 해. 때로는 남의 말을 제대로 듣지도 않고 자기 생각만 앞질러 말하기도 하고 말이야. 그래서 다툼과 불화가 생겨나지.

남의 말을 귀담아들으면 오해를 하지 않고 내 생각도 분명히 전할 수 있어. 따라서 자기 생각을 잘 말하려면 먼저 남의 말을 경청하는 태도를 길러야 해. 어떤 점에서는 말하는 것보다 듣는 것이 더 중요하다고 할 수 있어.

聞	부수 耳	丨 𠂉 𠂉 𠂉 𠂉 門 門 門 門
	총획 14획	門 聞 聞 聞 聞

모아 읽고 익히기
★★★

지금까지 배운 한자를 정리해 봐요.
( ) 안에 한자의 뜻과 소리를 써넣으세요.
그리고 이 한자가 들어간 단어들을 반복하여 읽으면서
완벽하게 익혀 보세요.

양쪽으로 여닫는 문 ( )	門	門호, 창門, 등용門, 門外한, 四大門, 名門세족, 門前성시
물음은 앎의 출발이야 ( )	問	問제, 방問, 질問, 問제점, 不問가지, 우問현답, 자問자답
문틈 사이로 비치는 달빛 ( )	間	間식, 空間, 시間, 人間, 馬구間, 天地間, 홍익人間
귀를 쫑긋 기울이다 ( )	聞	소聞, 신聞, 風聞, 신聞고, 청聞회, 西유見聞, 前대미聞

'밭 전(田)'의 활약을 기대해

밭을 보면 누구의 소유인지를 알 수 있게 나뉘어 있어. 이렇게 땅을 나누어 놓은 모습에서 '밭 전(田)'이 나왔어. 논에 물을 가득 담아 놓은 모습에서는 '논 답(畓)'이 나왔고, '들 야(野)'는 숲과 흙으로 이루어진 들판에서 유래했지.
자, 밥 먹고 힘(力)을 내서 논으로 밭으로 가 보자.

밭을 가로 세로로 나누면

글자를 보면 밭을 가로 세로로 나누어 놓은 것 같지 않니? 반듯반듯하게 경지 정리가 잘 된 것 같구나. 또는 고랑으로 이웃 밭과의 경계를 나타내는 것 같기도 해. 이렇게 밭 전(田)은 밭과 경작지, 농사일을 맡아보는 관리 등 농사와 관련된 글자에 쓰여.

중국에서는 약 5천 년 전부터 벼농사를 지었다고 해. 농사를 지으면서 사람들이 한곳에 모여 살게 되었고, 다른 나라보다 일찍 문명을 꽃피우게 되었어. 이렇듯 농사는 한 나라의 역사와 떼려야 뗄 수 없는 관계를 맺고 있지.

田은 사냥이나 사냥터와도 관련이 있어. 사냥을 위해 짐승이 잘 다니는 곳에 위장용 구덩이인 허방다리를 파거나 올가미를 설치했어. 그리고 짐승이 잡혔는지 자주 가서 살피다 보니 땅이 평평해지게 되었어. 이런 땅의 모습에서 글자가 유래했다고 본대.

田은 농작물이 나는 밭만이 아니라 석유를 생산하는 유전(油田), 소금을 생산하는 염전(鹽田), 석탄을 생산하는 탄전(炭田) 등의 의미로도 쓰여.

| 田 | 부수 田
총획 5획 | 丨 冂 日 用 田 |

우리가 서로 끌리는 것은 인력 때문이야
힘

힘 력(力)은 옛날 주요 농기구의 하나였던 쟁기를 본뜬 글자야. 당시 사람들이 힘을 써서 하는 일 가운데 가장 중요한 일이 농사였어. 그래서 농기구로 힘써 일하는 모습을 나타냈지. '힘'이나 '힘쓰다', '일꾼' 등을 뜻해.

'힘'은 영어로 '에너지(energy)' 또는 '파워(power)'라고 해. 에너지는 인간이 활동하는 근원이 되는 힘이고, 파워는 어떤 일을 해낼 수 있는 능력이나 재능을 말하지. 力이 들어간 글자도 많아. 물체끼리 서로 끌어당기는 힘은 인력(引力)이라고 하고, 지구 중심으로 물체를 끌어당기는 힘은 중력(重力)이라고 해. 정치적인 힘은 권력(權力)이고 말이야.

독일의 한 철학자는 모든 살아 있는 것은 힘을 가지려 한다고 했어. 맞아. 우리는 힘을 갖기 위해 경쟁을 해. 그러다 경쟁이 심해져서 기분이 상하기도 하고 다투기도 하지. 때로는 자신이 가진 힘을 잘못 사용하고 말이야. 힘을 갖는 것 못지않게 어떻게 사용하느냐도 중요하다는 사실을 잊지 않았으면 좋겠구나.

力	부수 力 총획 2획	ㄱ 力

물이 있는 경작지

논 답

앞에서 공부한 밭 전(田)이 밭을 뜻한다면, 논 답(畓)은 논을 뜻하는 글자야. 畓은 물 수(水)와 밭 전(田)이 합쳐진 글자로 물이 있는 경작지, 곧 논을 의미하지.

사실 畓은 중국 한자에는 없는 우리나라에서 만든 한자란다. 한자를 만든 중국 황하 지역에서는 밭농사를 주로 지었기에 논이나 그 논을 나타내는 글자를 만들 필요가 없었나 봐. 그 밖에 이름 돌(乭), 곶 곶(串), 터 대(垈) 등도 우리나라에서 만든 글자이지.

우리나라는 오래전부터 논농사와 밭농사를 함께 지었어. 충북 청주 소로리에서 발견된 볍씨는 야생 벼와 재배 벼의 중간 형태를 띠는데, 1만 수천 년도 훨씬 넘은 것이라고 해. 물론 이때 논농사를 본격적으로 지었는지는 알 수 없지만, 아주 일찍부터 벼를 재배한 것은 분명해 보인대.

논과 밭을 아울러 논밭이라고 하고, 이것을 한자로는 전답(田畓)이라고 해. 그리고 집 가까이에 있는 기름진 논을 문전옥답(門前沃畓)이라고 하는데, 이것은 많은 재산을 일컫는 말이기도 하지.

畓	부수 田 총획 9획	丨 기 氵 水 氺 沓 沓 畓 畓

흙 위에 숲이 있으니
들

밭(田)과 논(畓)에 이어서 들을 뜻하는 글자를 공부해 보자. 들 야(野)는 원래 흙(土) 위에 숲(林)이 있는 들 야(埜) 형태였다고 해. 즉, 숲과 흙으로 이루어진 들판을 의미했지. 그러다 뜻을 나타내는 마을 리(里)와 소리를 나타내는 나 여(予)가 합쳐져서 지금의 글자가 되었어. 들은 마을 사람들이 먹을 것을 심는 논과 밭이 있는 곳이라는 의미이지.

野는 '들' 외에 '교외', '야생', '거칠다' 등의 의미가 있어. 자연 또는 본능 그대로의 거친 성질을 야성(野性)이라고 하고, 넓은 들판처럼 꿈이 넓고 큰 것을 야망(野望)이라고 해. 정치든 학문이든 권력에서 벗어나 홀로 활동하는 상태를 재야(在野)라 하고, 정권을 잡지 못한 정당을 야당(野黨)이라고 하지.

쟤네들이 하는 게 뭣인가?

글쎄요…. 들에서 공을 갖고 노니까 '야구'?

| 野 | 부수 里
총획 11획 | ` ㄱ ㅁ ㅂ ㅂ 甲 里 里' 里' 野 野 |

모아 읽고 익히기

지금까지 배운 한자를 정리해 봐요.
( ) 안에 한자의 뜻과 소리를 써넣으세요.
그리고 이 한자가 들어간 단어들을 반복하여 읽으면서
완벽하게 익혀 보세요.

밭을 가로 세로로 나누면 ( )	田	田원, 염田, 유田, 我田인水, 이田투구
우리가 서로 끌리는 것은 인력 때문이야 ( )	力	권力, 노力, 능力, 매力, 압力, 體力, 전力투구
물이 있는 경작지 ( )	畓	田畓, 天水畓, 南田北畓, 門前옥畓
흙 위에 숲이 있으니 ( )	野	野구, 野망, 野生, 野수, 광野, 여野, 野단법석

'도'를 아세요?

이번 시간에는 연장을 두는 곳, 우물, 도로 등 장소와 관련된 글자를 공부해 보자. 특히 '길 도(道)'와 '길 로(路)'를 눈여겨봐야 해. 두 글자 모두 '길'이라는 뜻은 같지만, 道는 우리가 마땅히 지켜야 할 도리나 종교의 깨우침 등을 의미한다면 路는 사람이나 차가 다니는 도로를 말하지.
어쨌든 길을 나서 보면 우리가 나아가야 할 길을 찾게 될 거야.

집 안에 연장을 두는 곳

바 소(所)는 뜻을 나타내는 도끼 근(斤)과 소리를 나타내는 지게 호(戶)가 합쳐진 글자야. 원래 이 글자는 도끼로 나무를 자를 때 나는 소리를 흉내 낸 것이라고 해. 도끼를 휘두르면 쉭쉭(所所) 소리가 나는데, 그 소리를 나타낸 것이지. 또는 글자의 왼쪽은 지게문을 단 방이나 헛간을, 오른쪽은 도끼를 나타내. 그러니까 도끼 같은 연장을 둔 곳을 가리키는 글자에서 장소를 나타내는 뜻을 갖게 되었지.

우리가 흔히 쓰는 말 가운데 남들이 하는 말을 따올 때 '이른바'라고 하지. '남들이 흔히 말하는 바'란 뜻으로, 한자로는 '소위(所謂)'라고 해. 그 밖에 사무소, 세탁소 같은 장소(場所), 가지고 있거나 가진 물건을 뜻하는 소유(所有), 어떤 일을 간절히 바라는 소망(所望) 등으로도 쓰이지.

所	부수 戶
	총획 8획

우물 안 개구리가 되지 않으려면
우물 정

井 91

사람이 살아가기 위해서 물은 공기와 더불어 없어서는 안 될 중요한 물질이야. 그래서 사람들이 마을을 이룰 때 가장 먼저 한 일 중 하나가 우물을 파는 것이었어. 요즘은 기술이 발달해서 물줄기를 찾는 것도, 땅을 파는 것도 쉽지만, 옛날에는 그렇지가 않았어.

어렵게 우물을 파면 그 주위로 사람들이 모여들고 마을이 들어섰어. 사람들이 모이니 사랑방이 되고, 소문의 진원지가 되었어. 우물은 마실 물도 얻고 정보도 교환하는 중요한 장소였던 것이지.

우물 정(井)은 이런 '우물'을 뜻하는 글자야. 사각이나 둥근 형태로 우물을 파고 그 위에 먼지나 나뭇잎 등이 들어가지 않게 나무 덮개를 덮었는데, 그게 井 모양이었어. 옛날 사진이나 그림에서 井 모양의 우물 덮개를 발견할 수 있을 거야.

'우물 안 개구리(井底之蛙)'라는 말을 들어 봤니? 보고 아는 것이 적어 저만 잘난 줄 아는 사람을 비꼬는 말이지. 개구리가 우물 안에서 밖을 본다면 딱 우물 크기만큼만 보일 거야. 우물 안 개구리가 되지 않으려면 책도 많이 읽고 생각도 많이 해야 한단다.

| 井 | 부수 二
총획 4획 | 一 二 ㄐ 井 |

사람이 가야 할 올바른 길

'길'을 뜻하는 한자라고 하면 어떤 게 떠오르니? 아마도 도로(道路)가 아닐까? 길 도(道)와 길 로(路)가 어울려서 도로 또는 길을 나타내지. 이렇듯 道와 路는 뜻은 같지만 쓰임새는 조금 달라.

道는 머리 수(首)와 쉬엄쉬엄 갈 착(辶)이 합쳐진 글자야. '우두머리(首)가 무리를 거느리고 천천히 걷는(辶) 것'을 나타내지. 그러니 道에는 '길' 외에 '이끌다'라는 뜻이 있어. 그러다 나중에 사람이 마땅히 지켜야 할 '도리' 또는 종교적으로 깊이 깨친 '이치' 등의 의미도 더해지게 되었어.

다시 말해 道가 길이라는 의미뿐만 아니라 정신적인 것까지 아우른다면 路는 '여러 사람이 제각각(各) 편한 대로 걸어간 발(足)자취'를 나타낸 것이라고 할 수 있지.

道	부수 辶(辵)	` ` ` ` ` ` ` ` ` ` 首 首 首 首 首 道 道 道
	총획 13획	

집으로 들어오는 길
길 로

길 로(路)는 사람의 발을 뜻하는 발 족(足)과 사람들 저마다를 뜻하는 각각 각(各)이 합쳐진 글자야. 各은 '반지하나 굴을 파서 만든 집(口)에 들어온다(夂)'라는 의미를 갖고 있어. 따라서 路는 '집으로 들어오는 길'을 의미하지.

사람이 살지 않는 땅은 나무와 풀이 우거져서 짐승이나 살 뿐 사람은 드나들기 어려워. 그러나 이렇게 버려지다시피 한 곳도 한 사람 두 사람 다니다 보면 길이 생기기 마련이야. 그래서 이 글자는 드러나다는 뜻으로도 쓰이게 되었어. 우거진 숲이라도 자꾸 다니면 흙이 드러나고 길이 되지. 그래서 이 글자는 드러난다는 뜻도 가지게 되었는데 路가 길이나 발로 밟는 것, 걷는 것을 뜻하니 드러난다는 뜻을 나타낼 때는 雨를 더하여 露로 표시했지.

길 도(道)가 정신적인 것과 관련이 있다면, 路는 실제로 걸어 다니는 길을 말해. 일제 강점기 때 새로 닦은 길을 신작로(新作路)라고 했어. 기차가 다니는 길은 철로(鐵路), 금속으로 만든 줄과 같은 길은 선로(線路), 그리고 배가 다니는 강이나 바다의 길은 수로(水路) 또는 해로(海路)라고 하지.

| 路 | 부수 足
총획 13획 | ` 冖 冂 丆 凡 丮 유 묘 趵 趵 趵 趵 路 路 |

모아 읽고 익히기

★★★

지금까지 배운 한자를 정리해 봐요.
( ) 안에 한자의 뜻과 소리를 써넣으세요.
그리고 이 한자가 들어간 단어들을 반복하여 읽으면서
완벽하게 익혀 보세요.

집 안에 연장을 두는 곳 ( )	所	所득, 所망, 所重, 장所, 주所, 無所不위, 적재적所
우물 안 개구리가 되지 않으려면 ( )	井	시井, 井읍사, 井花水, 좌井관天, 天井不지
사람이 가야 할 올바른 길 ( )	道	道구, 道덕, 道路, 道리, 효道, 청빈낙道, 한려水道
집으로 들어오는 길 ( )	路	路上, 路선, 경路, 기路, 진路, 가路樹, 활주路

'입 구(口)'와 '에울 위(口)'는 달라

이번 시간에는 지경(區), 동산(園), 나라(國), 그림(圖) 등 영역과 관련된 글자를 공부할 거야. 이들 글자에서 큰 입 구(口)처럼 생긴 에울 위/나라 국(口)과 口에서 한쪽이 열린 형태인 감출 혜(匸)는 부수로서 중요한 역할을 하지. 게다가 에울 위/나라 국(口)은 입 구(口)와 비슷해서 헷갈리기 쉬우니 이번 기회에 잘 익혀 두도록 하자.

나누어서 가르다
지경 구

지경 구(區)는 감출 혜(匸)와 물건 품(品)이 합쳐진 글자야. 귀중한 물건을 감추어 숨기는 곳이라는 뜻이지. 물건을 감추고 숨기려면 나누고 구별을 해야 해. 그래서 나누어서 가른다는 뜻이 되었어.

땅을 적당한 크기로 나누어 놓은 것을 구역(區域)이라고 해. 특별시나 광역시, 도, 군과 같이 행정 단위를 일정하게 나눈 것은 행정 구역이라고 하지. 우리가 사는 곳을 무슨 무슨 구라고 할 때도 이 글자를 써. 이때의 구는 특별시, 광역시 및 인구 50만 이상의 대도시에 두는, 동(洞) 위의 행정 구역 단위를 가리키지.

사람은 누구나 편안하게 쉴 수 있는 자기만의 공간을 갖고 싶어해. 사실 모든 생물이 그렇지. 옛날 중국 사람들은 귀뚜라미, 금붕어, 벼룩 등을 상자에 넣고 서로 싸움을 시키고 돈을 걸고 내기를 즐겼다고 해. 그것들이 싸우게 하는 방법은 간단했어. 비좁은 공간에 넣어 두고 자꾸 건드리는 거야. 그럼 자기의 영역을 확보하기 위해 싸우게 되겠지. 아무리 말 못 하는 작은 생물이라도 좀 잔인한 방법 같구나.

| 區 | 부수 匸 | 一 丆 丆 品 品 品 品 品 |
| | 총획 11획 | 品 品 區 |

여유를 찾기에 좋은 장소
동산 원

동산은 마을 부근에 있는 작은 산이나 언덕을 가리키는 말이야. 집에서 가까워서 소를 먹일 꼴을 베고, 아궁이에 땔 나무를 하며, 과실나무를 심어 가꾸기에 좋은 곳이지. 나 어릴 때는 동산에서 친구들과 마음껏 뛰어놀았어. 그래서인지 어린 시절을 떠올리면 고향의 동산이 먼저 생각난단다.

이런 동산을 두루 가리키는 동산 원(園)은 에울 위(口)와 옷 길 원(袁)이 합쳐진 글자야. '에우다'라는 말이 좀 어렵지? '사방을 빙 둘러싸다'라는 의미야. 부수로도 쓰이는 口는 입 구(口)와 모양은 같지만 크기가 더 크다는 것을 기억해 두렴. 에워싸는 모양을 나타내는 口와 옷이 길고 헐렁하니 여유가 있다는 뜻의 袁이 더해져서 동산은 여유를 찾기에 좋은 장소를 의미하게 되었어.

지금은 園을 정원(庭園)이나 공원(公園), 과수원(果樹園)처럼 울타리를 둘러치고 특별한 목적으로 이용하는 공간을 나타낼 때 쓰지. 식물을 가꾸는 식물원(植物園), 동물을 기르고 사람들에게 보이는 동물원(動物園)도 마찬가지야.

園	부수 口	一 冂 冂 冃 冄 冃 周 周 周
	총획 13획	周 周 園 園

군사들이 무기를 들고 성을 지키다
나라 국

'나라'나 '국가'를 뜻하는 글자야. 원래 혹 혹(或)이라는 글자로 나라를 나타냈어. 或은 군사들이 무기를 들고 성을 지키는 모습을 그린 것이었거든. 그러다 或이 '혹시'라는 의미로 쓰이면서, 에울 위(囗)가 더해져 '나라'를 의미하는 나라 국(國)이 만들어졌지.

지금 우리는 태어나자마자 대한민국이라는 나라에 속하지만(이것을 '속지주의'라고도 해), 아득한 옛날에는 나라라는 개념 자체가 없었어. 한 사람 두 사람이 모여 마을을 이루고, 또 다른 마을들이 생겨나면서 하나의 나라가 되었어.

그러다가 역사가 이어지면서 나라가 생겨나기도 하고 사라지기도 했어. 유럽 사람들이 옮겨 가서 미국이라는 새로운 나라를 세우기도 했고, 또 힘센 나라가 다른 나라를 빼앗아서 자기네 나라로 삼기도 했고 말이야.

그러나 지금은 나라와 나라의 구분이 옛날만큼 큰 의미가 있지는 않단다. 인터넷이 나라 간의 경계를 넘어서 실시간으로 다른 나라 사람들의 소식을 전해 주거든.

國	부수 囗	丨 冂 冂 冃 冃 冋 冋 國 國 國 國
	총획 11획	

지도에서 그림까지
그림 도

그림 도(圖)는 사람이 사물이나 풍경을 연필이나 물감 등으로 그린 그림 외에도 그림과 관련한 글자에 두루 쓰여. 집이나 건물의 얼개를 그린 설계도(設計圖), 밑그림을 뜻하는 도안(圖案), 그림을 그리는 데 쓰는 종이인 도화지(圖畫紙) 등으로 말이야.

우리가 즐겨 보는 책 가운데 식물도감이나 동물도감이 있어. 여기서 도감(圖鑑)은 그림이나 사진을 모아 엮은 책을 말해. 이 책에는 해당 동식물의 그림이나 사진이 많이 들어 있어 마치 눈앞에서 보듯 생생하고 한눈에 이해하기도 쉽지.

이렇게 圖는 그림을 뜻하는 글자로 주로 쓰이지만 원래는 지도를 나타내는 글자였다고 해. 물론 지도(地圖)도 땅의 크기를 일정한 비율로 줄여서 나타낸 그림의 일종이지.

圖는 에울 위(囗)와 마을 비(啚)가 합쳐진 글자야. 중심이 되는 곳(囗)과 변방(啚)을 모두 빠뜨리지 않고 그려 넣어야 하니 지도인 것이지. 圖는 '그림' 외에 '(그림을) 그리다', '서적', '꾀하다', '계산하다' 등의 뜻이 있어.

圖	부수 囗	丨 冂 冂 冃 冃 冃 周 周 周 周 周 周 圖 圖
	총획 14획	

모아 읽고 익히기

지금까지 배운 한자를 정리해 봐요.
( ) 안에 한자의 뜻과 소리를 써넣으세요.
그리고 이 한자가 들어간 단어들을 반복하여 읽으면서
완벽하게 익혀 보세요.

나누어서 가르다 ( )	**區**	區間, 區內, 區별, 區분, 區역, 區청, 제한區역
여유를 찾기에 좋은 장소 ( )	**園**	園예, 공園, 낙園, 정園, 花園, 樹木園, 도園결의
군사들이 무기를 들고 성을 지키다 ( )	**國**	國家, 國어, 國회, 전國, 祖國, 공화國, 부國安民
지도에서 그림까지 ( )	**圖**	圖서, 圖식, 구圖, 地圖, 圖서관, 조감圖, 각자圖生

경계를 넘어 더 넓은 세상으로

드디어 이 책의 마지막 단원이야. 그동안 잘 따라오느라 고생 많았어. 여전히 한자 공부가 쉽지는 않을 거야. 그래도 아직 포기하기는 일러. 끝으로 세상 또는 세대(世), 경계(界), 우리나라 대한민국(韓)을 뜻하는 글자들을 살펴보면서 세대와 경계를 넘어 더 넓은 세상으로 나아가 보자.

잎이 나듯 차례대로
세대/인간 세

세대/인간 세(世)는 나뭇가지와 이파리의 모습을 본떠 만든 글자야. 이른 봄이면 나뭇가지에서 새순이 돋고 새잎이 나잖아. 이때에도 나름대로 질서가 있어. 가지가 먼저 뻗은 다음에 새순이 돋고 새잎이 나와. 그리고 잎도 제멋대로 나지 않아.

마주나거나 어긋나거나 돌려나거나 무리 지어 나는 등 잎이 줄기에 달린 모양은 식물에 따라 다르지만, 아래 잎을 가리지 않게 나선을 이루며 위로 차례차례 돋아나지. 이 글자는 이런 식물의 모습을 나타내고 있어. 또는 봄에 나뭇잎이 돋고 가을에 떨어지면 한 해가 끝나 간다는 의미에서 '생애', '일생'이라는 뜻도 있어. 식물의 한살이를 우리 인생에 비유해 보는 것이지.

世는 열 십(十)이 세 개 합쳐진 글자로 보기도 해. 十이 세 개이니 30년이고, 이것을 한 세대로 보았던 것이지.

사람이 사는 곳을 世를 써서 세상(世上) 또는 세계(世界)라고 해. 할아버지, 아버지, 나로 이어지는 핏줄을 세대(世代)라고 하지. 세대 차이라고 할 때 그 세대를 뜻하는 말이야.

世	부수 一 총획 5획	一 十 卅 卋 世

밭과 밭 사이의 경계
지경 계

길을 가다 보면 밭이나 논을 두둑 같은 것으로 나누어 놓은 것을 볼 수 있을 거야. 두둑으로 확실하게 표시를 해서 자기의 땅임을 나타내는 것이지.

이렇게 경계를 뜻하는 글자를 지경 계(界)라고 해. 뜻을 나타내는 밭 전(田)과 소리를 나타내는 끼일 개(介)가 합쳐진 글자로 밭과 밭 사이의 경계, 곧 지경(地境)을 뜻하지.

이렇듯 界는 토지나 영토를 구분하는 금으로서 '경계'나 '땅의 가장자리', '둘레' 등을 의미해. 내 밭과 남의 밭은 물론 우리 마을과 이웃 마을, 우리나라와 다른 나라를 금을 그어서 나 또는 우리의 소유임을 나타내는 것이지.

또한 사회, 분야, 범위 같은 영역을 나타내는 의미로도 쓰여. 신이 사는 곳은 신계(神界), 악마가 사는 곳은 마계(魔界)처럼 말이야. 우리 인간은 인간계(人間界)에 산다고 할 수 있어. 또한 학자들이 학문 연구를 하고 저술 활동을 하는 곳은 학계(學界), 사교 활동에 관련된 곳은 사교계(社交界)라고 하지.

界	부수 田	丶 冂 曰 田 田 田 甲 界 界 界
	총획 9획	

우리나라 대한민국
나라이름 한

나라이름 한(韓)은 햇빛 간(倝→卓)과 다룸가죽 위(韋)가 합쳐진 글자야. 倝은 햇빛이 막 돋아서 빛나는 모습을 나타내고, 韋는 둘러싸다는 의미를 갖고 있어. 韓은 원래 나무로 된 우물 난간을 나타냈는데 나중에 어떤 땅(나라)을 가리키는 말로 쓰이게 되었다고 해. 한국, 대한민국이라 불리는 우리나라는 햇빛이 돋아서 빛나는 곳에 자리한 위대한 나라라고 할 수 있지.

韓이 들어간 한자는 많지만, 대체로 우리나라를 가리킬 때 쓰지. 우리나라 땅은 한반도(韓半島)라고 해. 역사를 고대까지 거슬러 올라가면 고조선 이후 삼한(三韓)이라 하여 마한, 진한, 변한이 있었어. 그리고 조선 말기에 고종 황제는 중국을 중심으로 한 세계의 일원에서 한반도는 우리나라를 중심으로 하는 세계라고 선언해서 이 새로운 나라의 이름을 '대한제국'이라고 했어. 중국처럼 황제가 다스리는 대한(大韓)이라는 뜻이지.

대한제국이 황제가 주인인 나라였다면 지금의 대한민국은 전체 국민이 주인인 나라이지.

韓	부수 韋	一 十 十 古 古 占 直 卓 卓' 卓"
	총획 17획	卓ᅩ 卓ᅩ 卓ᅩ 韓 韓 韓 韓

모아 읽고 익히기

★★★

지금까지 배운 한자를 정리해 봐요.
( ) 안에 한자의 뜻과 소리를 써넣으세요.
그리고 이 한자가 들어간 단어들을 반복하여 읽으면서
완벽하게 익혀 보세요.

잎이 나듯 차례대로 ( )	世	世기, 世대, 구世主, 不世출, 신世界, 격世지감, 世종大王
밭과 밭 사이의 경계 ( )	界	경界, 外界, 타界, 한界, 사교界, 世界사, 임界점
우리나라 대한민국 ( )	韓	韓류, 韓方, 韓복, 韓식, 韓지, 南北韓, 韓國은행

한자 문화권의 시대가 온다

찾아보기 (가나다 순)

집 가 家 130	사이 간 間 138	굳셀 강 強 121	가벼울 경 輕 117	지경 계 界 161
높을 고 高 71	굽을 곡 曲 99	빌 공 空 53	빛 광 光 44	아홉 구 九 25
지경 구 區 154	나라 국 國 156	집 궁 宮 132	활 궁 弓 120	가까울 근 近 108
이제 금 今 36	깃발 기 旗 105	남녘 남 南 67	안 내 內 57	해 년 年 37
많을 다 多 89	짧을 단 短 124	논 답 畓 144	대청 당 堂 133	그림 도 圖 157
길 도 道 150	같을 동 同 115	겨울 동 冬 40	동녘 동 東 65	힘 력 力 143
길 로 路 151	여섯 륙/육 六 22	일만 만 萬 85	낯 면 面 97	없을 무 無 50
들을 문 聞 139	문 문 門 136	물을 문 問 137	반 반 半 92	놓을 방 放 104
모 방 方 103	일백 백 百 83	갈마들/차례 번 番 93	북녘 북 北 68	아닐 불/부 不 52
넉 사 四 18	석 삼 三 17	빛 색 色 77	서녘 서 西 66	저녁 석 夕 31

먼저 선 先 110	세대/인간 세 世 160	바 소 所 148	작을 소 小 114	적을 소 少 90
빠를 속 速 123	셀 수 數 86	안방 실 室 131	열 십 十 26	편안할 안 安 129
들 야 野 145	밤 야 夜 32	약할 약 弱 122	볕 양 陽 46	낮 오 午 30
다섯 오 五 19	밖 외 外 58	오른 우 右 60	동산 원 園 155	멀 원 遠 109
있을 유 有 49	소리 음 音 45	두 이 二 16	한 일 一 15	있을 재 在 51
낮을 저 低 72	붉을 적 赤 80	밭 전 田 142	앞 전 前 73	우물 정 井 149
아침 조 朝 29	왼 좌 左 59	낮 주 晝 33	가운데 중 中 56	무거울 중 重 116
곧을 직 直 98	일천 천 千 84	푸를 청 青 78	마디 촌 寸 91	봄 춘 春 38
일곱 칠 七 23	여덟 팔 八 24	평평할 평 平 100	바람 풍 風 43	여름 하 夏 39
나라이름 한 韓 162	향할 향 向 111	모양/그려 낼 형 形 96	누를 황 黃 79	뒤 후 後 74

술술 읽고 척척 쓰는
초등 마법의 한자책 ❷

1판 1쇄 펴낸날 2024년 6월 26일

글 김태완
그림 권달
책임 편집 한미경
디자인 구민재page9, 이원우
마케팅 강유은
제작·관리 정수진
인쇄·제본 (주)성신미디어
펴낸이 정종호
펴낸곳 (주)청어람미디어

등록 1998년 12월 8일 제22-1469호
주소 04045 서울특별시 마포구 양화로 56, 1122호
전화 02-3143-4006~8
팩스 02-3143-4003
이메일 chungaram_media@naver.com
홈페이지 www.chungarammedia.com
인스타그램 www.instagram.com/chungaram_media

ISBN 979-11-5871-255-6 74700
979-11-5871-253-2 세트

잘못된 책은 구입하신 서점에서 바꾸어 드립니다.
값은 뒤표지에 있습니다.